La Guía Definitiva
ENTRENAR CON PESAS para TRIATLON

segunda edición

Antes de comenzar cualquier programa de ejercicio, debe consultar a su médico. También debe consultar a su médico antes de incrementar la intensidad de su entrenamiento.

Cualquier aplicación del material recomendado en este libro ocurre bajo riesgo y discreción del lector. No nos hacemos responsables de cualquier lesión o algún otro efecto negativo que resulte de la aplicación de cualquier información proporcionada en este libro.

Publicado por Price World Publishing
1300 W. Belmont Ave, Suite 20g
Chicago, IL 60657

Copyright © 2012 por Robert G. Price CPT.
Todos los derechos reservados. No se puede vender o reproducir de cualquier manera este libro, ni cualquier parte de él, sin permiso.

Diseño del libro por Jocelyn H. Hermozada
Diseño de la cubierta por Alexandru Dan Georgescu
Fotografías interiores por Marc Gollub
Edición por Barb Greenberg
Edición y corrección de pruebas por Maryanne Haselow-Dulin
Impreso por Express Media

Segunda Edición, 2012
ISBN 13: 978-1-619842-564

Impreso en los Estados Unidos de América
10 9 8 7 6 5 4 3 2

CONTENIDO

Parte I
ENTRENAMIENTO ESPECIFICO PARA TRIATLON

Introducción 1
Entrenamiento Fuera de Temporada 2
Entrenamiento en Temporada 8
Nutrición para Atletas de Ultra-Resistencia 15
Proteínas: ¿Cuanto es suficiente? 20
Recuperación después de Entrenar 22

Parte II
INICIO 25

Calentamiento 27
Enfriamiento 28
Abdominales 29
Estiramiento 37
Forma Adecuada 43
Respiración Adecuada 44

Parte III
EJERCICIOS RECOMENDADOS 45

Substituyendo Ejercicios Similares 47
Ejercicios de Pecho 48
Ejercicios de Espalda 54
Ejercicios de Hombros 60
Ejercicios de Tríceps 70
Ejercicios de Bíceps/Antebrazos 75
Ejercicios de Piernas 81

Parte IV
NECESIDADES 89

Perfeccionando la Técnica 91
Estimando el Máximo en una Repetición 92
El Principio de Personas Distintas, Estilos Distintos 99
Sobreentrenamiento y Estancamiento 100
La Declaración de Variación 102
Fibras Musculares 104
Técnicas de Entrenamiento 106
Cuando Incrementar 109
Recordatorios de Seguridad 110
Llevar Registros 118
Probarse Uno Mismo 121
Conclusión 121

Parte V
PROGRAMAS ADICIONALES DE 4-SEMANAS 123

Programas de Resistencia/Aguante/Quemar Grasas 125
Programas de Condición General/Potencia 137
Programas de Fuerza 149

Parte I
ENTRENAMIENTO
Específico
Para Triatlón

EL CONOCIMIENTO ES LA CLAVE DEL EXITO
en el entrenamiento con Pesas

INTRODUCCION

Al abrir La Guía Definitiva, Entrenar con Pesas para Triatlón, ha tomado el primer paso para alcanzar su potencial atlético. Este libro está repleto con la información más actualizada de entrenamiento con pesas para deportes e incluye un programa de entrenamiento con pesas de un año específico para triatlón. Una vez que complete el texto, sabrá como hacer de manera apropiada, segura y efectiva más de 80 ejercicios y estará listo para comenzar a entrenar.

La verdadera importancia de este libro radica en los programas específicos para triatlón al principio del libro. Fueron creados por una única razón; mejorar sus potencial para el triatlón. Lo logran al aumentar su fuerza, explosión, potencia, resistencia, y flexibilidad en las partes de su cuerpo que son más importantes para el triatlón. Cada programa ha sido creado de manera sinergística para proveerlo con la ventaja que necesita para vencer a sus compañeros y derrotar a sus oponentes. Al seguir los programas, desarrollará sus músculos obteniendo fuerza y resistencia, así como también explosión, potencia y agilidad. Cuando empiece la temporada, estará preparado físicamente y mentalmente para competir al máximo de su potencial.

Este libro no le enseñará a hacer movimientos específicos. No muestra las mejores estrategias para mejorar su técnica, ni proporciona consejos para mejorar habilidades específicas. Este libro, por otra parte, proporciona los mejores métodos, programas, y estrategias disponibles para mejorar físicamente su cuerpo, y ¡maximizar su potencial para el triatlón!

ENTRENAMIENTO FUERA DE TEMPORADA

En cualquier deporte el período entre temporadas es el momento para fortalecer los músculos, volverse más poderoso, e incrementar la resistencia muscular. El programa para el período fuera de temporada consiste de cuatro rutinas de 4 semanas en ciclos para maximizar el aguante muscular y la potencia explosiva. La primera y tercera rutina están diseñadas para incrementar la capacidad de aguante y la resistencia muscular, mientras que la segunda y cuarta rutina están diseñadas más hacia la potencia y la explosión.

La variación es muy importante para un programa efectivo de entrenamiento. Variar las rutinas mantiene nos permite continuar progresando y beneficiándonos. El cuerpo eventualmente se adapta a cualquier rutina, así que es muy importante cambiar rutinas una vez que el progreso se detiene y la fuerza ha llegado a su máximo. El período más efectivo para hacer cambios de rutinas es cuatro semanas.

> **Después de completar los primeros dos programas de 4-semanas, asegúrese de descansar una semana para dejar que los músculos descansen y se fortalezcan antes de seguir con las dos semanas finales.**

ENTRENAMIENTO DE RESISTENCIA MUSCULAR

La primera y tercera rutina del ciclo fuera de temporada son para mejorar la resistencia muscular. El entrenamiento para resistencia muscular difiere en gran medida del entrenamiento para fortaleza y poder muscular. El entrenamiento de fuerza incrementa el tamaño, el volumen y la fortaleza; el entrenamiento de potencia incrementa la explosividad, velocidad e intensidad; y el entrenamiento de resistencia incrementa el aguante, permitiendo a los músculos que trabajen por más tiempo antes de fatigarse. El entrenamiento con pesas para mejorar la resistencia muscular requiere muchas repeticiones de movimientos a baja velocidad para entrenar y aumentar las fibras de contracción lenta, que son las responsables de aumentar la resistencia y el aguante.

Las claves para el entrenamiento de resistencia son las siguientes:

Bajo peso, muchas repeticiones: El entrenamiento apropiado de resistencia involucra levantar pesos ligeros muchas veces. Lo ideal es usar pesos de menos de 60% del peso máximo en una repetición. Con más repeticiones se obtiene más resistencia muscular, o la habilidad de que los músculos operen a un alto nivel por más tiempo. Cada repetición adicional ayuda a incrementar la resistencia muscular. Típicamente se usan series de al menos 20 repeticiones cuando entrenamos para incrementar la resistencia muscular.

Buena forma y concentración: Cuando se entrena para cualquier propósito, se debe mantener una buena forma y concentración. El entrenamiento de resistencia no es la excepción. Para obtener el mayor beneficio de su entrenamiento de resistencia, debe respirar de manera adecuada y completar los ejercicios con levantamientos suaves y rítmicos.

Respiración adecuada: Respirar adecuadamente es extremadamente importante en el entrenamiento de resistencia. A medida que realice repetición tras repetición, instintivamente contenemos la respiración. En cada paso debemos asegurarnos de inhalar cuando bajamos el peso en el movimiento excéntrico y exhalar mientras levantamos el peso en el movimiento concéntrico. Nunca hay que dejar de respirar.

Levantamientos suaves y rítmicos: Durante el entrenamiento de resistencia la fase de descenso, la parte negativa, de cada repetición debe durar al menos dos segundos y el levantamiento, la parte positiva, debe durar al menos un segundo. El objetivo es mantener este ritmo desde la primera repetición hasta la última para asegurar un buen entrenamiento.

Períodos de descanso cortos: Para obtener el mejor resultado del entrenamiento de resistencia, es mejor tomar períodos cortos de descanso entre series. Esto le da beneficios aeróbicos al entrenamiento porque da lugar a un ritmo continuo, menos esporádico, que mantiene el ritmo cardíaco alto. Para asegurarnos de obtener resultados óptimos mientras entrenamos para resistencia no se debe descansar mas de sesenta segundos entre series.

ENTRENAMIENTO PARA PODER EXPLOSIVO

La segunda y cuarta rutinas del ciclo están diseñadas para desarrollar velocidad y poder explosivo. Los aspectos importantes del entrenamiento para poder explosivo son:

Pesos intermedios, repeticiones intermedias: El entrenamiento de potencia es muy diferente al entrenamiento de fuerza. El entrenamiento de fuerza consiste en levantar grandes pesos un número pequeño de veces. Por otra parte, disminuir el peso y hacer entre ocho y quince repeticiones es la mejor manera de entrenar exitosamente para potencia y explosividad.

En el entrenamiento de potencia, se debe levantar aproximadamente el 70% del máximo de una repetición.

Velocidad e intensidad: En el entrenamiento de poder la meta es aumentar la velocidad mientras levantamos el peso. Antes de incrementar el peso, queremos aumentar la velocidad a la que hacemos la parte concéntrica, o fase positiva del levantamiento. Si empezamos a sentir el peso extremadamente ligero, entonces hay que seguir los pasos detallados en la sección Cuando incrementar el peso para aumentar la resistencia.

Existen ejercicios que nunca deben ser hechos con velocidad e intensidad debido a la posibilidad de lesionarse, o simplemente porque los movimientos rápidos no son tan efectivos como los lentos. Los ejercicios del programa que nunca deben ser hecho con velocidad e intensidad son:

1. Ejercicios de espalda baja
2. Ejercicios del manguito rotador
3. Ejercicios de la sección media

Buena Forma: Al igual que en el entrenamiento de resistencia, hay que bajar el peso de manera suave y lenta por al menos dos segundos. La diferencias viene en la parte concéntrica del levantamiento. Para el entrenamiento de potencia hay que levantar el peso tan rápido y explosivamente posible, para trabajar las fibras de contracción rápida con la meta de incrementar la velocidad a la que podemos contraer y mover los músculos. Cuando siga las rutina para aumentar potencia, debe hacer la parte concéntrica de cada repetición en cada serie con intensidad y velocidad. Es muy importante notar que no debemos sacrificar la forma por la velocidad.

Ejercicios de Potencia: Ciertos ejercicios tienen más beneficios y se realizan más efectivamente cuando se hacen con velocidad e intensidad. Los levantamientos olímpicos a uno y dos tiempos, así como ejercicios corporales como paralelas y barras, son ejemplos de esto porque pueden ser realizados extremadamente rápido con gran cantidad de intensidad.

Se requiere realizar varios ejercicios de resistencia durante la fase de potencia del ciclo, de manera que una vez que se complete la primera rutina de entrenamiento de potencia explosiva, seamos capaces de comenzar el segundo programa de resistencia sin perder las ganancias de resistencia pero con una explosividad y potencia dramáticamente mayor.

PROGRAMA FUERA DE TEMPORADA PARA TRIATLON

Ciclo de Resistencia y Potencia

Semanas 1-4 Entrenamiento de Resistencia

Días 1 & 3

Grupo musc.	Ejercicio	S	Reps
pecho	prensa de banco c/manc.	3	20,20,20
hombros	remo de pie	3	20,20,20
espalda	remo con cable sent.	3	20,20,20
antebrazos	flexiones de muneca	2	20,20
triceps	paralelas en banco	2	falla
espalda	barras c/agarre estrecho	2	falla

Días 2 & 4

Grupo musc.	Ejercicio	S	Reps
piernas	sentadillas	3	20,20,20
piernas	desplantes	3	20,20,20
piernas	elevac. de gemelos	3	20,20,20
piernas	prensa de piernas	2	20,20
piernas	extens. de piernas	2	20,20
piernas	flexiones de piernas	2	20,20

Semanas 5-8 Entrenamiento de Potencia

Días 1 & 3

Grupo musc.	Ejercicio	S	Reps
piernas	prensa de piernas	5	10,8,6,4,2
piernas	extens. de piernas	4	12,10,8,6
hombros	cristo de pie	3	12,10,10
espalda	tirones c/ag. estrecho	4	12,10,8,6

Días 2 & 4

Grupo musc.	Ejercicio	S	Reps
piernas	elevac. de gemelos	3	20,20,20
piernas	flexiones de piernas	3	12,12,12
triceps	paralelas	3	falla
biceps	flex. de codo c/barra	4	12,12,12,12

Semanas 9-12 Entrenamiento de Resistencia

Días 1 & 3

Grupo musc.	Ejercicio	S	Reps
pecho	prensa de banco c/barra	3	20,20,20
pecho	prensa de banco c/manc. inc.	3	20,20,20
espalda	cristo de pie	3	20,20,20
piernas	prensa de piernas	2	20,20
hombros/triceps	paralelas	2	falla
espalda	desplantes	2	20,20

Días 2 & 4

Grupo musc.	Ejercicio	S	Reps
espalda	barra c/agarre ancho	2	falla
bi's/antebrazos	flex. de codo martillo	2	20,20
piernas	flexiones de piernas	3	20,20,20
piernas	elevac. de gemelos	3	20,20,20
espalda	remo con cable sent.	3	20,20,20
biceps	flexiones de codo c/manc.	2	20,20

Semanas 13-16 Entrenamiento de Potencia

Días 1 & 3

Grupo musc.	Ejercicio	S	Reps
pecho	prensa de banco c/manc.	3	8,8,8
hombros	press de empuje	3	10,10,10
espalda	tirones c/ag. estrecho	3	10,10,10
espalda	remo c/manc. un brazo	3	20,20,20

Días 2 & 4

Grupo musc.	Ejercicio	S	Reps
piernas	sentadillas	3	10,10,10
piernas	sentadillas c/salto	3	10,10,10
piernas	box steps	3	12,12,12
piernas	elevac. de gemelos	3	20,20,20

ENTRENAMIENTO DE TEMPORADA

Entrenamiento de mantenimiento

Durante la temporada, el método preferido de entrenamiento es el mantenimiento. La meta del entrenamiento de temporada es mantener las ganancias que se adquirieron fuera de la temporada, siendo cuidadosos de no sobreentrenar y estancarnos. Cuando nos estancamos, nuestras habilidades y desempeño como atletas decrecen drásticamente. Levantar pesas más de dos veces por semana y practicar a diario es más que suficiente para la mayoría de las personas.

Para mantener la resistencia y explosividad que obtuvieron antes de la temporada, el entrenamiento durante la temporada involucra entrenar los grupos musculares principales relacionados con el deporte que practicamos dos veces por semana. Este tipo de entrenamiento ocurre dos veces por semana porque es la cantidad mínima de días necesaria para mantener los beneficios obtenidos. Entrenar los músculos sólo una vez por semana puede causar que perdamos los beneficios que ya hemos obtenido. La rutina de temporada incluye ejercicios de mantenimiento para los elementos de resistencia, fuerza y poder explosivo de manera que no se pierda nada durante la temporada. Si se desea, se pueden hacer la rutina de temporada usando un formato de entrenamiento de circuito. Para más información sobre entrenamiento de circuito, vea la sección de Técnicas de Entrenamiento.

RECUERDE
- Entrenar sus abdominales antes de cada sesión
- Estirar sus músculos después de cada sesión

ENTRENAMIENTO DE TEMPORADA PARA TRIATLON

Entrenamiento de Mantenimiento

Entrenar dos días por semana

Semanas Impares
Días 1 & 3

Grupo musc.	Ejercicio	S	Reps
pecho	prensa de banco c/barra	3	20,20,20
espalda	tirones c/ag. ancho	3	20,20,20
hombros	paralelas	3	20,20,20
piernas	sentadillas	3	20,20,20
piernas	desplantes	3	20,20,20
piernas	elevaciones de gemelos	2	20,20

Semanas Pares
Días 1 & 3

Grupo musc.	Ejercicio	S	Reps
pecho	cristo inclinado	3	20,20,20
espalda	remo con cable sent.	3	20,20,20
hombros	prensa militar con barra	3	20,20,20
piernas	prensa de piernas	3	20,20,20
piernas	flexiones de piernas	3	20,20,20
piernas	elevaciones de gemelos	2	20

PROGRAMA DE ENTRENAMIENTO PARA TRIATLON
Jayson Hunter, Rd, CSCS.

El artículo que estás por leer junto con miles de páginas con artículos de entrenamiento para deportes como estE pueden ser vistos afiliándose al Área Exclusiva para Miembros de SportsWorkout.com. Dirígete a SportsWorkout.com para descubrir más acerca de esta membresía exclusiva.

Fase de Iniciación (1 mes)

Natación
Lun: Libre
Mar: Entrenamiento Clave: clase de natación para principiantes
Mie: Practica ejercicios aprendidos en clase esta semana por 20min
Jue: Libre
Vie: Practica ejercicios aprendidos en clase esta semana por 30min
Sab: Libre
Dom: Practica ejercicios aprendidos en clase esta semana por 30min

Ciclismo
Lun Libre
Mar: 15-20 min a paso suave
Mie: Libre
Jue: 15-20 min a paso suave
Vie: Libre
Sab: Entrenamiento Clave: 30 min a paso suave
Dom: Libre

Correr
Lun: Libre
Mar: 3 min de correr suave y 1 min de caminar; haz esto 5 veces
Mie: Libre
Jue: 3 min de correr suave y 1 min de caminar; haz esto 5 veces
Vie: Libre
Sab: Libre
Dom: Entrenamiento Clave: 5 min de correr suave y 2 min de caminar; hacer esto 3 veces

Fase Base (2 meses)

Pautas para esta fase

Esta fase consiste principalmente en entrenamientos largos hechos a paso lento. El enfoque debe estar en incrementos graduales en la longitud del entrenamiento de no más de 10% semanal. Esto es importante en el correr para ayudar a prevenir lesiones por sobre-entrenamiento. Los entrenamientos de correr y de ciclismo deben ser realizados a un paso conversacional, tranquilo, si la respiración es laboriosa está yendo demasiado rápido.

Natación
Lun: Libre
Mar: 30 min de practica de ejercicios
Mie: Libre
Jue: Entrenamiento Clave: intervalos de 10 - 50 yd con 30 seg de descanso
Vie: 30 min de practica de ejercicios
Sab: Libre
Dom: 400m nado suave con series de ejercicios (opcional)

Ciclismo
Lun Libre
Mar: 30 min a paso suave
Mie: 30-45 a paso suave
Jue: Suave
Vie: 30 min a paso suave
Sab: Entrenamiento clave: trabajar hasta un lapso de 60 min
Dom: Libre

Correr

Lun: Libre
Mar: Libre
Mie: 15 min de correr suave
Jue: 20 min correr tipo tempo
Vie: 15 min de correr suave
Sab: Libre
Dom: Entrenamiento clave: trabaja hasta una corrida suave de 30-45 min con descanso de 2 min (si es necesario)

Fase de Simulación de Carrera (1 mes)

Pautas

Esta fase consta de entrenamientos diseñados para simular las transiciones y condiciones de una carrera, como bloques que combinan dos actividades en sucesión y algunos entrenamientos clave específicos. Esto le hace practicar las transiciones de un deporte a otro durante la carrera.
Para los ejercicios de bloque, prepare una transición falsa de carrera, haciendo la transición tal como se haría en la carrera

Natación

Lun: Libre
Mar: Bloque: 500m nadar (mar abierto muy recomendado) con transición a bicicleta y 30 min a paso suave.
Mie: 40 min de práctica de ejercicios
Jue: Libre
Vie: 400m de nadar suave y serie de ejercicios
Sab: 30 min de práctica de ejercicios
Dom: Libre

Ciclismo

Lun: Libre
Mar: 50m nadar (mar abierto muy recomendado) con transición a bicicleta y 30 min a paso suave).
Mie: Libre
Jue: Entrenamiento clave: 30 min vuelta con prueba de tiempo en o cerca del ritmo de carrera
Vie: 45 min a paso suave
Sab: Libre
Dom: Ladrillo: 45 min vuelta suave seguida por una transición inmediata a una carrera tipo tempo de 20 min.

Correr

Lun: Libre
Mar: Libre
Mie: 15 min de correr suave
Jue: Libre
Vie: 20 min de correr tipo tempo
Sab: Libre
Dom: Ladrillo: 45 min de vuelta suave seguida por una transición inmediata a una carrera tipo tempo de 20 min.

Programa de Reducción

Una semana antes de la carrera hay que ir reduciendo progresivamente los entrenamientos, para descansar de más, incrementar la ingesta de carbohidratos y reducir los ejercicios. Lo que sigue es una muestra de programa de reducción. Es necesario hacerlo con una intensidad muy baja.

    Día 1 40 min de ejercicio
    Día 2 Descanso total
    Día 3 40 min de ejercicio
    Día 4 20 min de ejercicio
    Día 5 20 min de ejercicio
    Día 6 Descanso total
    Día 7 Día de la Carrera

NUTRICION PARA ATLETAS DE ULTRA-RESISTENCIA

Este artículo fue escrito por Brian Zehetner MS, RD, CSCS

Daremos una mirada profunda a todas las consideraciones nutricionales para competir en eventos de ultramaratón, Los tópicos incluyen hidratación, comidas antes y después del evento y carbohidratos.

El periódico USA Today publicó recientemente su lista de las 10 cosas más difíciles de hacer en los deportes-- #7 fue correr un maratón. Esta parece ser una tarea abrumadora, pero imaginen nadar 2.4 millas y montar bicicleta por 112 millas antes de comenzar esa carrera. Eso es exactamente lo que tiene que hacer un triatleta para completar el evento ironman. El atleta más rápido terminará la carrera en 8 o 9 horas; una verdadera prueba de fuerza, resistencia y fuerza de voluntad.

La nutrición es uno de los factores clave para determinar donde terminarán, o si terminarán o no. Echemos un vistazo a varios aspectos de la nutrición en relación a estos eventos de ultra-resistencia.

Fluidos

La condición de hidratación de un atleta es el factor más importante que afecta su rendimiento total. Cantidades de estudios han demostrado que la resistencia de un individuo decrece gradualmente a medida que se deshidrata más. La deshidratación usualmente es resultado de la pérdida de sudor, expiración, y una inadecuada toma de fluidos. Si esta tendencia prosigue, puede resultar en serias complicaciones médicas. Por ejemplo, se ha observado que una pérdida del 3% de peso corporal afecta negativamente el rendimiento, y una pérdida del 5% en peso puede causar calambres y náuseas[1]. Si no se comienza un reemplazo adecuado de fluidos, se puede llegar eventualmente a agotamiento por calor, infarto, e incluso la muerte. Las mejores maneras de evaluar la condición de hidratación es a través de la pérdida de peso, así como el color y la cantidad de orina.

Afortunadamente, la mayoría de los atletas que compiten en triatlones de ironman están conscientes de los peligros de la deshidratación. No se puede decir lo mismo de los daños por sobrehidratación. Es es mucho menos común, pero está ganando atención por la popularidad de los eventos de ultra resistencia. La sobrehidratación ocurre usualmente cuando un atleta está actuando en clima caluroso, sudando profusamente, y está reemplazando los fluidos perdidos con agua simple. Cuando un atleta pierde sudor, también pierde grandes cantidades de sodio, que es el principal electrolito involucrado en el balance de los fluidos. Esta pérdida de sodio, junto con el reemplazo mínimo del agua, puede llevar a una hiponatremia o bajos niveles séricos de sodio en el cuerpo. Esta es una condición seria que requiere atención médica inmediata.

La mejor manera de prevenir complicaciones de la deshidratación y la hiponatremia es beber fluidos adecuados con anticipación y frecuentemente, de preferencia aquellos que contengan electrolitos como sodio y potasio. Investigaciones han demostrado que los atletas que compiten más de 6-8 horas pueden necesitar hasta 1 gramo de sodio por hora para sustituir las pérdidas[2]. Una parte puede ser sustituida usando bebidas deportivas (ej.: Gatorade y Powerade) antes y durante el evento. El sodio tiene dos roles en estas bebidas: mejora el sabor y ayuda a incrementar el volumen de plasma en la sangre[3]. Es importante tener presente que el sodio en estas bebidas puede no ser el suficiente para las necesidades de reabastecimiento; algunos atletas también ingieren comidas que contienen sodio y/o usan comprimidos de sodio hacia el final de un evento.

Las que siguen son recomendacion para la hidratación antes, durante y después de eventos ironman[4].

Antes de Evento – 16 oz. 2 horas antes, luego 4-8 oz. 5-15 minutos antes de comenzar
Durante el Evento – 5-10 oz. cada 15-20 minutos
Después del Evento – 16-20 oz. por lb. de peso corporal perdido

Energía

Los triatletas gastan una cantidad increíble de energía durante su entrenamiento, y a su vez, tienen que consumir muchas calorías al día para mantenerse en óptimas condiciones. La demanda de energía puede ser muy variable y depende de la duración, intensidad y tipo de entrenamiento[5]. Un atleta de ultra-resistencia compitió en una carrera en Australia y corrió un promedio de 70-90 kilómetros por día (80 Km equivalen aproximadamente a 45 millas) y consumió un promedio de 6,321 calorías por día. Es difícil creer que necesitaba tanta energía, ya que el factor de su tasa metabólica basal se estimaba en 1597 calorías por día[6]. Tratar de igualar las calorías que ingresan con las calorías que salen es un reto difícil. Estos atletas necesitan ingerir muchas comidas al día y pueden consumir una variedad de comidas densas en nutrientes y batidos líquidos. Otro factor que afecta el rendimiento es la distribución de nutrientes de la dieta en términos de carbohidratos, grasas y proteínas.

Los carbohidratos son el cimiento de cualquier régimen de nutrición cuando se entrena para un triatlón ironman. Desafortunadamente, tu cuerpo solo tiene una cantidad limitada de reserva de carbohidrato para eventos de resistencia. Por ejemplo, un hombre de 150lb. tiene aproximadamente 1400 calorías de glucógeno muscular (azúcar almacenada), 320 calorías de glucógeno hepático y 80 calorías de glucosa en la sangre[5]. En comparación, este mismo individuo casi tendría un suministro ilimitado de calorías de grasa para usar como energía. Mientras la intensidad del ejercicio crece durante el entrenamiento, más carbohidrato será usado para energía porque puede ser procesado con mayor rapidez. Sin embargo, cuando las reservas del músculo e hígado son agotadas, el cuerpo tendrá que tomar azúcar de la sangre. Cuando esto sucede, nos hayamos en un camino seguro hacia la fatiga. Esto es a lo que algunos de nosotros nos gusta llamar "chocar contra la pared."

Una manera de evitar esta disminución en rendimiento es consumir carbohidratos adecuados antes y durante los entrenamientos y eventos. Otra manera es maximizar el glucógeno en los músculos e hígado por medio de la carga de carbohidratos. Esto implica disminuir el entrenamiento de una a dos semanas antes del evento y mantener una dieta alta en carbohidratos (usualmente 70% de las calorías). Ingerir una comida tres o cuatro horas antes del evento también es parte de este régimen y puede resultar en mejoras en la resistencia[5]. Esta es una práctica muy común en los triatletas de ironman. Consumir carbohidratos adecuados después de sesiones de ejercicios le ayudará a prepararse para el siguiente día de entrenamiento.

Las que siguen son recomendaciones diarias para carbohidratos, en adición a las necesidades previas antes, durante y después de eventos ironman[1].

Necesidades Diarias - 3.0 a 5.0 gms por lb. de peso corporal por día
Antes del Evento - 0.5 a 2.0 gms por lb. de peso corporal
(1-4 horas antes)
Durante el Evento - 30-75 gms por hora
Después del Evento - 0.5 gms por lb. de peso corporal cada
2 horas (recuperación)

Hasta ahora el enfoque ha sido en los carbohidratos, sin embargo, la grasa es una de las razones principales por la que los triatletas son capaces de competir por varias horas a la vez. Mientras el esfuerzo de un triatleta toma un estado más estable, la grasa se convierte en un mayor contribuidor al uso de energía, ahorrando carbohidratos para cuando se retome la intensidad. La guía para la ingesta de grasas se estima usualmente en por lo menos 0.5 gramos por lb. de peso corporal por día, muy similar a una dieta típica saludable para el corazón[4]. Esto es porque el cuerpo tiene depósitos abundantes de grasa y los puede utilizar como energía. La grasa de la dieta es importante porque necesitamos los ácidos grasos esenciales, que tienen muchas funciones en el cuerpo.

Las proteínas son el último macronutriente que un triatleta necesita para un rendimiento óptimo. Este nutriente no se reconoce habitualmente como un contribuidor importante la energía consumida durante el ejercicio, pero si estamos bien alimentados, puede aportar hasta un 5% del total de la energía utilizada. A medida que la duración del ejercicio aumenta, el uso de proteína también puede incrementar, manteniendo la glucosa en la sangre a través de un proceso en el hígado[7]. Es importante que los triatletas del ironman consuman proteínas durante las comidas, especialmente durante la recuperación, ya que ayuda a reparar el tejido lastimado. La recomendación típica para ingesta de proteína es 0.55 a 0.65 gms por lb. de peso corporal por día; por encima del RDI, pero menos de lo que se recomienda para atletas de fuerza y potencia[4].

REFERENCIAS

1. Clark, N. *Nancy Clark's Sports Nutrition Guidebook*. 2nd ed. Champaign, IL: Human Kinetics; 1997.
2. Clark, N., Tobin J. Jr., Ellis, C. *Feeding the Ultra-Endurance Athlete: Practical Tips and a Case Study*. Journal of the American Dietetic Association. 92:1258-1262, 1992.
3. Rehrer, NJ. *The Maintenance of Fluid Balance During Ejercicio*. International Journal of Sports Medicine. 15: 122-125, 1994.
4. Rosenbloom, CA. Sports *Nutrition: A Guide for the Professional Working with Active People*. 3rd ed. Chicago, IL: The American Dietetic Association;2000.
5. Applegate, EA. *Nutritional Considerations for Ultra-Endurance Performance*. International Journal of Sport Nutrition. 1: 118-126, 1991.
6. Hill, R. J., W. Davies, Peter S. *Energy Expenditure During 2 Semanas of an Ultra-Endurance Run Around Australia. Medicine & Science in Sports & Ejercicio*. 33: 148-151, 2001.
7. ACSM, ADA, Dietitians of Canada. *Nutrition and Athletic Performance. Medicine & Science in Sports & Ejercicio*. 32: 2130-2145, 2000

PROTEINAS: ¿Cuanto es suficiente?

Este artículo fue escrito por Jayson Hunter, RD, CSCS

Los artículos que van a leer, así como miles de otros similares los pueden ver al suscribirse a la zona exclusiva para miembros de SportsWorkout.com. Visite SportsWorkout.com para obtener más información acerca de está membresía exclusiva.

Muchos atletas creen que el consumo de grandes cantidades de proteínas mejorará su desempeño. Esto es verdad hasta cierto punto pero muchos consumen demasiadas proteínas, y esto puede resultar en un impacto adverso en su desempeño porque se sacrifican otros nutrientes. Las proteínas están compuestas de 21 aminoácidos diferentes. Una vez que los aminoácidos son absorbidos se ven involucrados en la composición del plasma sanguíneo, tejidos viscerales, y músculos. Los aminoácidos también activan las vitaminas que están involucradas en las actividades metabólicas y fisiológicas. Las proteínas también son responsables de casi 2000 enzimas que ayudan a acelerar reacciones químicas y a regular la descomposición de los carbohidratos, grasas y proteínas que usamos como energía.

Como pueden ver las proteínas son nutrientes muy importantes para el cuerpo. El único problema es que el cuerpo puede usar sólo una determinada cantidad a la vez, y todo lo extra es almacenado como carbohidratos o grasas. Hay investigaciones que muestran que los requerimientos de proteína de los atletas pueden estar determinados por el tipo y la cantidad de actividad física que realizan. La cantidad de proteína recomendada para un individuo normal es de 0.8g/ kg de peso corporal. Muchos investigadores creen que si se hace ejercicio se requieren más proteínas. Estiman que los requerimientos de proteína para atletas deben estar en el rango de 1.2g/kg - 2.0g/kg dependiendo de la actividad. Ninguna investigación ha mostrado que el consumo por encima de 2.0g/kg sea más benéfico que las recomendaciones actuales para atletas. Las calorías totales también son importantes para que las proteínas sean utilizadas apropiadamente. Cuando el cuerpo recibe suficientes calorías para soportar sus actividades, esto permite que las proteínas se usen sólo para reparar músculos y no como energía.

Un atleta no debe consumir cantidades excesivas de proteínas porque puede ser dañino para su salud. Un consumo exagerado de proteínas requiere agua adicional para lograr la descomposición de las proteínas, lo que da lugar a una deshidratación y un incremento en la pérdida de calcio por vía urinaria. El exceso de proteínas también puede dar lugar a fallas en los riñones, pero hay una cantidad limitada de investigaciones en ésta área.

La mayoría de los atletas consumen suficientes proteínas, así que no debiera que incrementar urgentemente su consumo. Una manera precisa de determinar el consumo de proteínas es llevar un diario alimenticio de 24 horas y calcular la cantidad de proteínas que se consumieron. Luego determine sus requerimientos de proteínas multiplicando su peso corporal por 1.2-2.0 gramos de proteína y valide que su consumo cae en ese rango. Si está comiendo más proteínas de lo que necesita puede disminuir la cantidad porque eso no está ayudando a su desempeño y quizás en el largo plazo incluso pueda perjudicar a su cuerpo.

RECUPERACION DESPUES DE ENTRENAR:
Es Obligatorio Para Atletas

Este artículo fue escrito por Jayson Hunter, RD, CSCS

Si quiere optimizar su entrenamiento, mejorar su tiempo de recuperación, y acelerar el crecimiento muscular, entonces debe tomar una bebida de recuperación después del entrenamiento. Investigaciones han mostrado que si está tratando de aumentar su masa magra necesita consumir carbohidratos y proteínas dentro de los siguientes 60 minutos posteriores a su entrenamiento.

Cuando entrena su cuerpo quemas aminoácidos, glucosa, y glicógeno y los músculos se vuelven más receptivos a aceptar nutrientes y a usarlos para reconstruir los músculos. Cuando un atleta no restaura sus niveles de combustible pronto después de entrenar la síntesis de glicógeno muscular puede verse disminuida hasta en 66%, lo que impacta el tiempo de recuperación. Estudios científicos muestran que consumir un suplemento de carbohidratos y proteínas dentro de los siguientes 60 minutos siguientes al entrenamiento aumentan la velocidad de almacenamiento de glicógeno muscular. Al reemplazar los niveles de glicógeno muscular rápidamente le permite al cuerpo que se recupere más rápido y que recargue el sistema de combustible para el siguiente entrenamiento o evento. Quizás incluso encuentre que tenga músculos más rellenos y compactos, así como menos dolor muscular.

Un buen suplemento para después de un entrenamiento debe contener alrededor de 50-100 gramos de carbohidratos y aproximadamente 30-50 gramos de proteínas. Unos ejemplos de bebidas post-entrenamiento sería un Desayuno Instantáneo Carnation con una cucharada de polvo de proteína. Un vaso de jugo de naranja con algo de polvo de proteína también funciona. Hay suplementos líquido que vienen pre-mezclados e incluyen vitaminas, minerales, y algunas veces incluso creatina o glutamina. Una comida alta en carbohidratos y proteínas inmediatamente después del entrenamiento no es tan efectiva como una suplemento líquido, pero sería excelente como la siguiente comida para incrementar aun más la recuperación de los músculos. La razón porque una comida no es ideal es porque los alimentos enteros se digieren mucho más lento que los alimentos líquidos e incluso pueden llegar a disminuir la velocidad con que se absorben estos nutrientes en el flujo sanguíneo y en los músculos.

Esos primeros 60 minutos después de entrenamiento son en los que el sistema anabólico del cuerpo está listo para el combustible. Esto definitivamente mejorará sus entrenamientos y el cuerpo se lo agradecerá con los resultados que busca.

Parte II
COMENZANDO

Calentamiento

Calentar es una parte esencial del entrenamiento con pesas. *La actividad de calentamiento puede ser cualquier tipo de actividad de bajo nivel mientras ésta afloje su cuerpo, haga fluir la sangre y prepare a su cuerpo para el entrenamiento.* Calentar es absolutamente necesario si está planeando levantar pesos pesados. Entrar en el gimnasio e intentar maximizar (levantar la máxima cantidad de peso que pueda) sin haber calentado primero, puede causar lesiones dado que su cuerpo no está preparado para el estrés físico de una rutina de entrenamiento con pesas. En general, existen dos tipos principales de calentamiento que se indican a continuación.

Un calentamiento de todo el cuerpo es aquel que incrementa su flujo sanguíneo y literalmente lo calienta. Ejemplos de actividades de calentamiento de todo el cuerpo son correr o montar en bicicleta de cinco a diez minutos. Otros ejemplos son, cinco a diez minutos de una rutina de abdominales, nadar, o hacer estiramientos de todo el cuerpo.

Un calentamiento específico incrementa el flujo sanguíneo a sus *músculos activos*, es decir, los músculos que está usando. Un calentamiento específico se ejecuta de forma adecuada realizando un set de pesos ligeros (grupo de repeticiones) para un ejercicio antes de comenzar con su rutina recomendada para ese mismo ejercicio con pesos más pesados. Normalmente basta con diez repeticiones para un set de calentamiento. La mejor técnica es basar su set de calentamiento específico en la mitad de su *repetición máxima*. Su repetición máxima es el máximo peso que puede levantar de una vez. Aprenderá más sobre calcular su repetición máxima en la página 92.

Beneficios del Calentamiento

Uno de los principales beneficios de realizar calentamiento es que ayuda a reducir la probabilidad de sufrir tirones, desgarros y otros daños que pueden ser dolorosos y entorpecer su futuro entrenamiento. Otro de los beneficios del calentamiento es que suelta sus músculos y le permite levantar pesos más pesados. Los pesos más pesados ponen más resistencia en sus músculos, lo que le fuerza a trabajar más duro y proporciona un mejor entrenamiento.

Enfriamiento

Las actividades de enfriamiento llegan justo después de su sesión de entrenamiento con pesas. El objetivo que se pretende con el enfriamiento es, de nuevo, soltar sus músculos.
En este libro, las actividades de enfriamiento son sinónimos de estiramiento. Estas actividades son importantes dado que pueden prevenir las dolencias en los días siguientes a la sesión de entrenamiento con pesas. También incrementan su rango de movimiento, ayudándole a volverse más flexible, lo que puede prevenir lesiones tanto en la sala de pesas como practicando deportes. Dado que la flexibilidad y el rango de movimiento son importantes para los deportes, el estiramiento es una parte vital de un programa completo de entrenamiento y nunca debería ignorarse.

Estirar es más efectivo durante o después del entrenamiento. Al hacer estiramientos, incrementa su rango de movimiento y *realizar estiramientos puede ser efectivo para reducir las lesiones*. Un estiramiento adecuado también puede ser efectivo para reducir las dolencias derivadas del entrenamiento con pesas dado que ayuda en la eliminación del producto de desecho anaeróbico —lactato— de sus músculos.

La forma de incrementar el rango de movimiento es estirando. Es un mito que entrenar con pesas automáticamente le vuelve rígido y disminuye su flexibilidad. Entrenar grupos de músculos antagónicos, u opuestos, en la misma sesión, estira sus músculos y ayuda a incrementar su rango de movimiento. Un ejemplo de grupo de músculos antagónicos es el bíceps y el tríceps. Cuando el bíceps se contrae, el tríceps se extiende, lo que proporciona un buen y completo estiramiento.

ABDOMINALES

Tener un estómago firme, una espalda baja fuerte y unos increíbles abdominales es importante tanto por razones personales como atléticas. Los ejercicios proporcionados en este libro le harán que entrene adecuadamente y cree unos abdominales perfectos. Los ejercicios de la región lumbar y de los oblicuos también se incorporan con la rutina de abdominales para que todo su tronco se vuelva más fuerte. Tener un tronco fuerte es esencial para un alto rendimiento deportivo. Con unos abdominales firmes y una región lumbar fuerte, será capaz de correr más rápido y será más fulminante. También podrá hacer movimientos más rápidos con su torso, lo que le permitirá saltar más alto y hacer giros y recortes más precisos. Su torso conecta la parte superior de su cuerpo con la parte inferior y le permite aplicar fuerza y energía en ambas zonas conjuntamente. Un torso más fuerte incrementará sus capacidades atléticas.

Por naturaleza, los músculos del torso son diferentes de otros músculos del cuerpo y necesitan entrenarse de forma diferente a fin de alcanzar máximos resultados. Para entrenar sus abdominales adecuadamente, necesita lo siguiente:

1. Movimientos lentos:
Los abdominales están hechos principalmente de fibras musculares de contracción lenta, lo que requiere que se entrenen con movimientos lentos para obtener resultados óptimos. Puede encontrar más información acerca de las fibras musculares en la página 104.

2. Cantidad y consistencia:
Los abdominales necesitan ser entrenados para aguante muscular, no para fuerza muscular, lo que requiere realizar muchas repeticiones que pueden hacerse a diario.

3. Variedad:
Su torso consiste de diferentes áreas, cada una de ellas requiere diferentes ejercicios. Para entrenar cada área, necesita realizar una variedad de ejercicios. La variedad con cualquier ejercicio es una parte esencial para el desarrollo muscular y el entrenamiento atlético. Le permite desarrollar y tonificar cada parte del músculo que está entrenando. Puede encontrar más información acerca de las fibras musculares en la página 104.

Para simplificar las cosas, este libro hace referencia a las áreas del tronco como los:
- Abdominales Superiores
- Abdominales Inferiores
- Oblicuos

Orden Preferido de Entrenamiento

Los ejercicios de abdominales inferiores y oblicuos son *ejercicios compuestos*, es decir, necesitan más de un grupo de músculos a la vez. Estos ejercicios además entrenan sus abdominales superiores. Los ejercicios de abdominales superiores, por su parte, aíslan estrictamente sus abdominales superiores. A fin de evitar la fatiga de estos, que se trabajan en todo tipo de ejercicio abdominal, debería entrenar primero los abdominales inferiores, a continuación los oblicuos y por último los superiores.

El orden preferido para entrenar su tronco es el siguiente:
- Abdominales Inferiores
- Oblicuos
- Abdominales Superiores

Nota: Puede entrenar su zona lumbar antes o después de los ejercicios abdominales, dependiendo de sus preferencias personales.

Entrenar el tronco al menos cinco minutos antes de levantar peso es una estupenda forma de calentar dado que incrementa el flujo sanguíneo y además desarrolla y tonifica todo su tronco. Es como matar dos pájaros de un tiro. Realizar cada ejercicio de forma lenta y suave durante un minuto sin descanso. Descansar 30 segundos entre ejercicios.

A continuación tiene descripciones e imágenes demostrando exactamente cómo realizar cada uno de los ejercicios recomendados para el tronco. No se sienta abrumado por el gran número de ejercicios recomendados. Solo tiene que elegir cuatro o cinco para cada rutina de calentamiento. A medida que su tronco se vuelve más fuerte, debería incrementar el número de ejercicios que realiza para así continuar progresando. Varíe su rutina eligiendo cinco ejercicios diferentes cada día.

EJERCICIOS DE ABDOMINALES

Definición: Los impulsores son los músculos que se entrenan directamente.

Abdominales Estándar
Impulsores: Abdominales superiores

Posición Inicial: Túmbese sobre su espalda con las rodillas dobladas y las plantas de los pies planas contra el suelo. Eleve su coxis unos dos centímetros. Coloque las manos sobre las orejas.

Use sus abdominales para elevar la mitad superior de su cuerpo lo más alto que pueda, mantenga la posición durante un segundo o dos, a continuación vuelva a su posición inicial.

Consejo: Manteniendo su coxis elevado, está trabajando sus abdominales inferiores, que es una zona objetivo para mucha gente.

Crunches Estándar
Impulsores: Abdominales superiores

Posición Inicial: Túmbese sobre su espalda con sus pies y rodillas elevados para que sus espinillas estén paralelas con el suelo. Eleve su coxis unos dos centímetros. Coloque las manos sobre las orejas.

Utilice sus abdominales para elevar la mitad superior de su cuerpo. Cuando haya elevado sus hombros unos treinta grados respecto al suelo, mantenga la posición un segundo o dos y vuelva lentamente a la posición inicial y repita.

Crunches Oblicuos
Impulsores: Oblicuos

Posición Inicial: Túmbese sobre su lado izquierdo con sus piernas ligeramente dobladas, rodillas elevadas unos dos o tres centímetros y sus manos sobre sus orejas. Gire su torso a la derecha e intente mantener la parte superior de su espalda y hombros paralelos con el suelo.
Utilice sus abdominales oblicuos y superiores para elevar la mitad superior de su cuerpo tanto como pueda y aguante uno o dos segundos y vuelva a la posición inicial y repita. A continuación realice lo mismo tumbándose sobre su lado derecho.

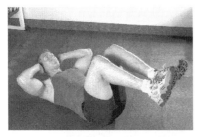

Elevaciones de Coxis
Impulsores: Abdominales Inferiores

Posición Inicial: Túmbese sobre su espalda con sus pies y rodillas elevados de forma que sus espinillas estén paralelas con el suelo y coloque sus manos sobre sus orejas.

Con su estómago flexionado, utilice sus abdominales inferiores para elevar su coxis unos dos centímetros del suelo. Mantenga esa posición uno o dos segundos antes de bajar su coxis. Asegúrese de mantener la parte superior de su cuerpo en la misma posición a lo largo de todo el movimiento.

Abdominales Codo a Rodilla
Impulsores: Torso completo

Posición Inicial: Túmbese sobre su espalda con sus rodillas flexionadas y las plantas de los pies sobre el suelo. Coloque sus manos sobre sus orejas.

Utilice sus abdominales para elevar adelante la parte superior de su cuerpo a la vez que alza su pie izquierdo para que su rodilla se aproxime a su cabeza. Toque su rodilla con el codo opuesto. Aguante esta posición durante uno o dos segundos con sus abdominales flexionados. Lentamente vuelva a situarse en la posición inicial y repita los mismos movimientos con su rodilla derecha y codo izquierdo.

Bicicletas
Impulsores: Torso completo

Posición Inicial: Túmbese sobre su espalda con sus rodillas flexionadas, piernas extendidas, pies elevados unos pocos centímetros del suelo y sus manos sobre sus orejas.

Utilice sus abdominales para elevar hacia adelante la parte superior del cuerpo. Al mismo tiempo, comience lentamente a mover sus piernas, una y luego otra, como si estuviera pedaleando. Cuando su rodilla se acerque a su cabeza, tóquela con el codo opuesto. Mantenga esa posición uno o dos segundos con sus abdominales flexionados. Vuelva al punto inicial y repita los mismos movimientos con su otra rodilla y codo.

Flexiones Laterales
Impulsores: Oblicuos

Posición Inicial: Estando de pie, sostenga una mancuerna con su mano izquierda y coloque su mano derecha sobre su cabeza.

Incline la parte superior de su cuerpo unos centímetros hacia la izquierda y utilice los oblicuos de la parte derecha de su cuerpo para volver a la posición inicial.

Buenos Días
Impulsores: Región lumbar

Posición Inicial: Sitúese de pie, con sus pies juntos. Coloque una barra con pesas detrás de su cuello sobre sus trapecios. Mantenga su cabeza inclinada y su espalda completamente recta.

Dóblese lentamente hacia la cintura hasta formar un ángulo de 90° con su región lumbar. Vuelva lentamente a la posición inicial y repita.

Elevaciones Interiores
Impulsores: Abdominales superiores e inferiores

Posición Inicial: Túmbese de espaldas, con sus piernas estiradas, ligeramente separadas y elevadas unos pocos centímetros. Extienda ambos brazos detrás de la cabeza.

Utilice sus abdominales para elevar la mitad superior de su cuerpo y lleve sus rodillas hacia arriba de forma que sus espinillas queden paralelas con el suelo. De forma simultánea, extienda sus brazos directamente en frente de usted, entre sus piernas. Mantenga la posición durante uno o dos segundos, vuelva lentamente a la posición inicial y repita.

Elevaciones de Piernas
Impulsores: Abdominales inferiores

Posición Inicial: Túmbese con sus piernas extendidas y sus hombros y cabeza inclinados hacia adelante, poniendo estrés en sus abdominales superiores. Coloque sus manos debajo de su coxis para mantenerlo ligeramente elevado. Mantenga inmóvil la parte superior del cuerpo, manos debajo de su coxis y piernas juntas a lo largo de todo el movimiento.

Eleve sus piernas hasta formar un ángulo de 90° con el suelo, permitiendo al coxis y a la región lumbar despegarse del suelo en el proceso. Lentamente baje sus piernas hasta la posición inicial y repita.

Consejo: Para mantener sus piernas en esta altura puede requerir un empujón de sus abdominales, lo cual está bien.

Pullovers Intercostales
Impulsores: Intercostales

Posición Inicial: Túmbese en un banco con una barra con pesas sobre su pecho y su cabeza ligeramente por fuera del banco. Sujete la barra con las palmas de las manos hacia afuera.

Eleve lentamente y baje la barra justo por encima y detrás de su cabeza hasta que sienta un buen estiramiento de su pecho. En este punto, vuelva a elevar la barra por encima de su cabeza hasta la posición inicial.

Consejo: Sugerencia: Si mantener la cabeza fuera del banco le resulta incómodo, puede realizar este ejercicio con la cabeza apoyada en el banco.

ESTIRAMIENTOS

Los estiramientos son una parte absolutamente crucial en el entrenamiento con pesas. Le hace soltar sus músculos, incrementa el rango de movimientos y puede reducir la posibilidad de lesiones y dolencias los días posteriores al entrenamiento. Realizar estiramientos está directamente relacionado con la flexibilidad. Esta sección se centra en cómo estirar adecuadamente sus músculos durante o después de un entrenamiento.

El tiempo recomendado para mantener cada estiramiento es de diez segundos, descansando treinta segundos entre ellos. Mientras estira, no haga rebotes; el estiramiento así es menos efectivo y puede provocar lesiones dolorosas.

Para cada ejercicio, estire lo máximo que pueda hasta que sienta una pequeña molestia en las zonas objetivo. No vaya más allá una vez llegue a este punto. Mantenga esa posición durante diez segundos tan fijamente como pueda. Es importante una respiración y técnica adecuada. No aguante la respiración en ningún momento durante el estiramiento. En las siguientes páginas verá los ejercicios de estiramiento recomendados junto con sus descripciones e imágenes.

> Todo el mundo sabe que los estiramientos incrementan la flexibilidad, pero no todos saben que la falta de estiramientos la disminuye.

EJERCICIOS DE ESTIRAMIENTO

Isquiotibiales, Piernas Cruzadas
Músculos estirados: Isquiotibiales.

Posición inicial: De pie cruce su pie izquierdo por delante del derecho, manteniendo las piernas estiradas. Inclinándose hacia adelante, llegue lo más lejos que pueda y mantenga. Repita con la otra pierna.

Isquiotibiales, Piernas Abiertas
Músculos estirados: Isquiotibiales, ingle

Posición inicial: De pie abra sus piernas un poco más que el ancho de sus hombros, manteniéndolas rectas.

Inclinándose hacia adelante, llegue hasta abajo de la pierna lo máximo que pueda y mantenga. Repita con la otra pierna, a continuación llegue hasta abajo. Descanse entre cada estiramiento.

Estiramiento de Hurdler
Músculos estirados: Isquiotibiales, cuádriceps.

Posición inicial: Siéntese en el suelo con su pierna derecha extendida delante de usted y su pierna izquierda doblada por la rodilla y situada detrás de usted.

Incline la cintura y llegue lo más lejos que pueda a su pierna derecha y mantenga.

Repita con la pierna izquierda extendida.

Sentarse y Llegar
Músculos estirados: Isquiotibiales, zona lumbar.

Posición inicial: Siéntese en el suelo con ambas piernas extendidas delante de usted. Inclínese hacia adelante lo máximo que pueda hacia sus pies y mantenga.

Estiramiento de Cuádriceps en Pie
Músculos estirados: Cuádriceps.

Posición inicial: De pie sobre su pierna izquierda.

Agarre su tobillo derecho y tire de él hacia sus glúteos lo máximo que pueda y mantenga.

Repita con la otra pierna.

Giros de Cuello
Músculos estirados: Cuello

Posición inicial: De pie con sus manos en sus caderas.

Comience a girar lentamente su cabeza en sentido de las agujas del reloj en un movimiento circular utilizando todo el rango de movimiento diez rotaciones. Repita en sentido contrario a las agujas del reloj.

Tirones de Brazo Por Delante
Músculos estirados: Hombros, parte superior de la espalda

Posición inicial: De pie o sentado derecho, con su espalda estirada. Cruce su cuerpo con su brazo izquierdo. Utilice la mano derecha para tirar ligeramente y estire el brazo izquierdo lo más que pueda y lo más cerca posible del cuerpo y mantenga. Repita con el otro brazo.

Tirones de Brazo Por Detrás
Músculos estirados: Tríceps, hombros, parte superior de la espalda

Posición inicial: De pie o sentado derecho, con su espalda estirada.

Con su brazo izquierdo llegue arriba y detrás del cuello. Use su mano derecha para tirar ligeramente y estirar su brazo izquierdo lo más lejos que pueda y mantenga.

Repita con el otro brazo.

Mariposas
Músculos estirados: Ingles, caderas.

Posición inicial: Sentado derecho, con su espalda estirada y las piernas hacia adentro. Ponga las suelas de sus zapatillas juntas y sujete los dedos de los pies con sus manos. Mantenga los pies lo más cerca que pueda de su cuerpo.

Con sus codos empuje ligeramente sus rodillas hacia el suelo lo máximo que pueda y mantenga.

Giros de Espalda Sentado
Músculos estirados: Zona lumbar, tronco, muslos y caderas.

Posición inicial: Sentado derecho, con su espalda estirada y la pierna izquierda estirada. Doble y cruce su pierna derecha sobre la izquierda. Sitúe su antebrazo izquierdo por la parte exterior de su pierna derecha, con su palma derecha apoyada en el suelo cerca de usted para equilibrarse. Gire su cuerpo hacia la derecha lo máximo que pueda y mantenga. Repita con el otro lado.

Sujeciones de Rodilla Tumbado
Músculos estirados: Glúteos, caderas.

Posición inicial: Tumbado sobre su espalda, con su rodilla izquierda doblada y la pierna derecha extendida, junte sus manos sobre su rodilla izquierda.

Tire suavemente de su pierna izquierda hacia su pecho hasta que sienta el estiramiento y mantenga. Repita con la otra pierna.

Estiramiento de Pantorrillas en Pie
Músculos estirados: Pantorrillas.

Posición inicial: De pie inclinado hacia adelante con sus brazos delante de usted y sus manos empujando una pared. Sitúe su pierna izquierda por delante de la derecha.

Doble su rodilla izquierda mientras mantiene su talón plano contra el suelo. Inclínese hacia adelante lo máximo que pueda mientras mantiene el talón trasero sobre el suelo y mantenga. Repita con la otra pierna.

Consejo: Este ejercicio también se puede realizar con ambos pies atrás.

FORMA ADECUADA

Resultados a Corto Plazo vs. Resultados a Largo Plazo

A fin de obtener los mejores resultados en la menor cantidad de tiempo posible, debe realizar cada ejercicio adecuadamente. Levantar pesos de forma inadecuada es peligroso y puede producir lesiones. Además, realizar un ejercicio de forma inadecuada es una pérdida de tiempo en el gimnasio. Aunque pueda ser capaz de levantar pesos más pesados de forma inadecuada, sus resultados a largo plazo se resentirían porque no estaría entrenando de forma adecuada. Es mejor que entrene durante treinta minuto al día de forma excelente y una técnica adecuada que levantando pesos durante tres horas al día de forma incorrecta.

Hay dos movimientos para levantar peso: la fase excéntrica (negativa) y la fase concéntrica (positiva).

La fase excéntrica (negativa) del levantamiento es el descenso lento del peso. Durante esta fase, su músculo se alarga mientras aún está contrayéndose. Por ejemplo, en el press de banca, la fase excéntrica ocurre cuando desciende lentamente la barra hacia su pecho, alargando sus pectorales y tríceps. Independientemente de su propósito, la fase excéntrica del levantamiento siempre debería ser lenta y suave, durando al menos dos segundos. Siempre inhale mientras realiza la fase excéntrica del levantamiento.

> Para obtener los mejores resultados, la fase excéntrica de cada levantamiento debe durar al menos dos segundos.

La fase concéntrica (positiva) del levantamiento es la fase de esfuerzo o de levantamiento real del peso. Durante esta fase, el músculo se encoge y las células del músculo se contraen. Por ejemplo, en el press de banca la fase concéntrica ocurre cuando levanta la barra por encima de su pecho de forma que sus pectorales y tríceps se contraen. La fase concéntrica de cada levantamieNto debe durar al menos un segundo a no ser que esté entrenando para obtener potencia y explosión, teniendo entonces que levantar peso concéntricamente lo más rápido posible. Siempre exhale mientras realiza la fase concéntrica del levantamiento.

RESPIRACIÓN ADECUADA

¡NO AGUANTE LA RESPIRACIÓN mientras entrena! Aguantar la respiración puede crear presión en su cuerpo. A pesar de que es extremadamente raro, si la presión se vuelve anormalmente intensa, puede cortar la circulación a su corazón y cerebro. Para evitar problemas, simplemente recuerde respirar. Recuerde, obtendrá los mejores resultados de su entrenamiento inhalando en la parte excéntrica del levantamiento y exhalando en la parte concéntrica.

INHALE en la parte excéntrica de cada levantamiento y EXHALE en la parte concéntrica del mismo.

Nota importante: Si toma la decisión de acudir al gimnasio durante un tiempo determinado, entonces entrene con la forma e intensidad adecuada para que pueda aprovechar el tiempo de manera eficiente. Mucha gente siente una falsa sensación de logro simplemente porque "han ido al gimnasio". Una vez allí, necesita trabajar fuerte para que se sienta bien honestamente consigo mismo por haber dado un paso más para alcanzar sus objetivos. En lugar de volver una y otra vez al gimnasio para compensar el tiempo perdido, hágalo bien la primera vez.

Parte III
EJERCICIOS RECOMENDADOS

Esta sección le proporciona ejercicios recomendados de entrenamiento con pesas. Se le dan descripciones completas e ilustraciones para asegurar que realiza los ejercicios en forma adecuada, segura y efectiva. Los números al lado de los ejercicios indican su orden de intercambio, lo cual se discute en la siguiente subsección. Los músculos listados después de "impulsores" son los músculos que están siendo directamente entrenados. Junto con las descripciones se encuentran muchos consejos útiles.

SUSTITUYENDO EJERCICIOS SIMILARES

Quizás haya algunos ejercicios que usted no puede realizar por razones físicas o porque no cuenta con el equipo para realizarlos. Debido a esto, los ejercicios están listados en orden de intercambio. Si hay un ejercicio en su rutina que no puede realizar, sustitúyalo por un ejercicio con un número correspondiente de la misma sección. Esta sustitución le asegurará que está entrenando los mismos grupos de músculos en una forma igualmente efectiva.

EJERCICIOS DE PECHO

Ejercicios de Pecho Intercambiables

1 Press de Banca con Barra
1 Press de Banca con Mancuernas
1 Flexiones de brazos
2 Press de Banca Inclinada con Barra
2 Press de Banca Inclinada con Mancuernas
3 Flyes
3 Flyes Inclinados
3 Cruces con poleas
Fondos (se pueden intercambiar con cualquier ejercicio de pecho, hombro o tríceps)

¡CONSEJO DE SEGURIDAD!
Al utilizar máquinas con polea, no baje las pesas ni muy abajo ni muy rápido como para que golpeen las pesas. Esto detiene el movimiento fluido del impulso y puede provocar lesiones.

Press de Banca con Barra
Impulsores: Pecho, tríceps, hombros.

Posición Inicial: Acuéstese en una banca plana con sus pies apoyados en el piso. Mantenga sus ojos directamente por debajo de la barra y sus manos con una separación igual a la de los hombros. Levante la barra fuera de sus soportes hasta que sus brazos estén extendidos.

Ejecución:
a. Despacio baje la barra hasta que roce su pecho. La barra debe detenerse breve y completamente.
b. Empuje la barra de nuevo hasta una extensión completa con la barra directamente en línea con su barbilla.

Consejo: No arquee su espalda para tratar de levantar más peso porque puede causar serios problemas de espalda.

Consejo: Un agarre más cercano trabaja la parte interna del pecho y los tríceps; un agarre más amplio trabaja la parte externa del pecho.

Press de Barra con Mancuernas
Impulsores: Pecho, tríceps, hombros.

Posición Inicial: Acuéstese en una banca plana con sus pies apoyados en el piso. Sostenga las mancuernas con sus brazos extendidos.

Ejecución:
a. Lentamente baje las mancuernas hasta que sienta un estiramiento cómodo en su pecho. Las mancuernas deben detenerse breve y completamente por debajo de su pecho.

b. Empuje las mancuernas de nuevo hasta una extensión total.

Consejo: Las mancuernas le permiten llevar la pesa más abajo que las barras, trabajando su pecho por medio del completo rango de movimiento en formas que la barra no puede.

Flexiones de Brazos
Impulsores: Pecho, tríceps, hombros.

Posición Inicial: Acuéstese boca abajo sobre el suelo con espalda recta y las palmas de las manos sobre el suelo, separadas a la distancia de los hombros, piernas cerradas y sus dedos de los pies sobre el suelo con sus talones en el aire.

Ejecución:
a. Empuje su cuerpo hacia arriba para separarse del suelo hasta que sus brazos estén completamente estirados.

b. Lentamente baje su cuerpo hasta que su pecho esté a aproximadamente una pulgada del suelo con sus piernas que continúan cerradas.

Consejo: Para realmente trabajar sus tríceps bien, ponga sus manos juntas y forme un triángulo con sus dedos índices y pulgares.

Press de Banca Inclinada con Barra
Impulsores: Pecho superior, tríceps, hombros.

Posición Inicial: Acuéstese sobre una banca inclinada con sus pies apoyados en el suelo. Mantenga sus ojos directamente por debajo de la barra y sus manos separadas a la distancia de los hombros.

Ejecución: Levante la barra fuera de sus soportes hasta que sus brazos estén extendidos.
a. Lentamente baje la barra hasta que roce su pecho. La barra debe detenerse breve y completamente.

b. Empuje la barra de nuevo hasta una extensión completa con la barra directamente en línea con su barbilla.

Consejo: No podrá levantar tanto como en un press de banca normal. Cuanto más pronunciado sea el ángulo de la inclinación, menos peso podrá levantar.

Press de Banca Inclinada con Mancuernas
Impulsores: Pecho superior, tríceps, hombros.

Posición Inicial: Acuéstese en una banca inclinada con sus pies apoyados en el suelo. Sostenga las mancuernas con sus brazos extendidos en la posición inicial.

Ejecución:
a. Lentamente baje las mancuernas hasta que se sienta un estirón cómodo en su pecho. Las mancuernas deben detenerse breve y completamente ligeramente más abajo de su pecho.
b. Empuje las mancuernas nuevamente hasta la extensión total.

Flyes
Impulsores: Pectorales.

Posición Inicial: Acuéstese en una banca con sus pies apoyados en el suelo. Sostenga las mancuernas con sus brazos extendidos y las palmas de sus manos una frente a otra de tal forma que las mancuernas se toquen.

Ejecución:
a. Lentamente baje las mancuernas alejándolas una de la otra con sus brazos ligeramente doblados. Extienda las mancuernas tan ancho como pueda hasta que sienta un estirón cómodo en su pecho.
b. Las mancuernas deben detenerse breve y por completo un poco más abajo que su pecho con sus palmas mirando hacia arriba. Utilice sus pectorales para llevar las mancuernas nuevamente a la posición inicial en la misma forma en la que se bajaron.

Consejo: Mientras acerca las mancuernas, rotar sus muñecas y juntar la parte superior e inferior de las mancuernas es un buen cambio de paso y trabaja sus músculos desde diferentes ángulos.

Flyes Inclinados
Impulsores: Pectorales.

Posición Inicial: Acuéstese en una banca inclinada con sus pies apoyados en el suelo. Sostenga las mancuernas con sus brazos extendidos y las palmas de sus manos una frente a la otra de tal forma que las mancuernas se toquen.

Ejecución:
a. Lentamente baje las mancuernas alejándolas una de la otra con sus brazos ligeramente doblados. Extienda las mancuernas tan ancho como pueda hasta que sienta un estirón cómodo en su pecho.
b. Las mancuernas deben detenerse breve y completamente por debajo de su pecho con las palmas de sus manos mirando hacia arriba. Utilice los músculos de su pecho para regresar las mancuernas de nuevo a la posición inicial de la misma forma en la que se bajaron.

Cruces con Poleas
Impulsores: Pectorales.

Posición Inicial: Póngase en pie ligeramente inclinado hacia adelante con su espalda recta y con las poleas a ambos lados y ligeramente atrás suyo, sujete las poleas.

Ejecución:
a. Con sus brazos ligeramente doblados, utilice su pecho para lentamente traer las poleas una hacia la otra hasta que se crucen frente a usted. Crúcelas tan lejos como pueda.
b. Las poleas deben detenerse breve y completamente. Luego, lentamente deje que las poleas regresen a la posición inicial de la misma forma en la que se acercaron.

Consejo: Alterne cuál brazo está encima y abajo en cada repetición para asegurarse de que ambos lados trabajen igual.

Fondos
Impulsores: Pecho, hombros, tríceps.

Posición Inicial: Con los brazos extendidos, sujete las barras paralelas con ambas manos para que su cuerpo se eleve del suelo.

Ejecución:
a. Con sus codos metidos tan cerca como sea posible y su espalda recta, lentamente baje el cuerpo hasta que su barbilla esté paralela a las barras.
b. Utilice los músculos de su pecho, hombros y tríceps para empujar de regreso hasta una extensión completa con sus brazos cerrados.

Consejo: Cuanto más lejos incline su cuerpo hacia adelante, más trabajará su pecho. A medida que estire su cuerpo, sus tríceps empiezan a hacer la mayor parte del trabajo.

EJERCICIOS DE ESPALDA (DORSALES)

Ejercicios Intercambiables para Espalda (Dorsal Ancho)

1 Tirones para Dorsales
1 Tirones Tras Nuca
1 Remos con Polea Baja
1 Dominadas
2 Remos con Barra Inclinados
2 Remos con Mancuernas Inclinados
2 Remos con barra T
2 Remos con Mancuerna a Un Brazo

Tirones para Dorsales
Impulsores: Dorsales, bíceps, hombros.

Posición Inicial: Sentado en una máquina de tirones para dorsal ancho. Mantenga su espalda recta e inclínese hacia atrás unas cuantas pulgadas con sus pies descansando sobre el suelo. Sujete la barra con ambas manos, con agarre sobre la barra.

Ejecución:
a. Mantenga su cuerpo inmóvil y doble a la altura de los codos, tire la barra hacia abajo frente a su cuello, apretando sus omóplatos hasta que la barra roce su pecho.

b. Deje que la barra se detenga breve y completamente antes de lenta y controladamente regresarla a su posición inicial, en la misma forma en que la tiró hacia abajo.

Consejo: Este ejercicio también puede ser realizado con sujetando la barra por debajo.

Tirones Tras Nuca:
Impulsores: Dorsales, hombros, bíceps.

Posición Inicial: Siéntese erguido en una máquina de tirones de dorsales. Mantenga su espalda recta con sus pies descansando en el suelo. Sujete la barra con ambas manos, utilizando un agarre sobre la barra

Ejecución:
a. Manteniendo su cuerpo inmóvil y doblando a la altura de los codos, tire la barra hacia abajo por detrás de su cuello, apretando los omóplatos y llevando la barra tan abajo como pueda.
b. Deje que la barra se detenga breve y completamente antes de lenta y controladamente regresarla a su posición inicial, en la misma forma en que la tiró hacia abajo.

Consejo: Las personas más flexibles podrán tirar de la barra más hacia abajo. No tire de la barra tanto que se empiece a sentir incómodo. Si siente cualquier dolor inusual, NO realice este ejercicio.

Consejos para todos los tirones y remos: cuanto más ancho el agarre, más trabajará la parte superior de su espalda. Cuanto más cercano el agarre, más trabajará la parte baja de la espalda.

Remos con Polea Baja
Impulsores: Dorsales, bíceps, hombros.

Posición Inicial: Sentado en una máquina de remo con su espalda recta, los pies apoyados sobre los descansos para pies y las piernas ligeramente dobladas. Inclínese hacia adelante y sujete las manillas.

Ejecución:
a. Con su espalda recta, inclínese hacia atrás y tire de las manillas hacia su estómago tan atrás como pueda, apretando sus omóplatos.

b. Deje que las manillas se detengan breve y completamente antes de lenta y controladamente regresarlas a su posición original, de la misma forma en la que tiró de ellas.

Dominadas
Impulsores: Dorsales, bíceps, hombros.

Posición Inicial: Agarre una barra de dominadas con sus manos por encima de la barra y sus brazos completamente extendidos y los pies cruzados fuera del suelo.

Ejecución
a. Mantenga su cuerpo inmóvil, los pies cruzados y los codos doblados, tire de su cuerpo hacia arriba frente a la barra tan alto como pueda, apretando sus omóplatos.

b. Deje que su cuerpo se detenga breve y completamente antes de bajarlo controladamente hasta su posición inicial, de la misma forma en que lo tiró hacia arriba.

Consejo: Este ejercicio también puede realizarse detrás del cuello o con un agarre por debajo de la barra.

Consejo: Para entrenar para lograr resultados óptimos, asegúrese de bajar su cuerpo totalmente hasta que sus brazos estén casi extendidos.

Remos con Barra Inclinados
Impulsores: Dorsales, bíceps, hombros.

Posición Inicial: De pie con sus rodillas ligeramente dobladas, los pies separados unas cuantas pulgadas y doblando la cintura para formar un ángulo de aproximadamente noventa grados, sostenga una barra con sus brazos colgando frente a usted. Mantenga su espalda recta y su cabeza un poco hacia atrás.

Ejecución:
a. Mantenga su cuerpo inmóvil y doblados los codos, tire de la barra hacia su estómago apretando sus omóplatos.

b. Deje que la barra se detenga breve y completamente antes de devolverla de forma controlada a su posición inicial, en la misma forma en que la tiró hacia arriba.

Consejo para todos los ejercicios con inclinación para la espalda: No tire de las pesas hacia su pecho; esto no aísla sus dorsales anchos al igual que levantar la barra hasta su estómago.

Remos Inclinados con Mancuernas
Impulsores: Dorsales, bíceps, hombros.

Posición Inicial: De pie con sus rodillas ligeramente dobladas, los pies separados unas cuantas pulgadas y doblando en la cintura, cuelgue sus brazos a los lados y sostenga dos mancuernas con las palmas de sus manos una frente a otra. Mantenga su espalda recta y su cabeza ligeramente hacia atrás.

Ejecución
a. Mantenga su cuerpo inmóvil y con los codos doblados, tire de las mancuernas hacia arriba a los lados de su cuerpo tan alto como pueda, apretando sus omóplatos.

b. Deje que las mancuernas se detengan breve y completamente antes de devolverlas de forma controlada a su posición inicial, en la misma forma en que las tiró hacia arriba.

Remos con Barra T
Impulsores: Dorsales, bíceps, hombros.

Posición Inicial: De pie con sus rodillas ligeramente dobladas, los pies separados un par de pulgadas y doblando la cintura para formar un ángulo de cuarenta y cinco grados con su suelo, utilice un agarre sobre la barra para sostener las manillas de una máquina de barra T, manteniendo las pesas fuera del suelo. Mantenga su espalda recta y su cabeza ligeramente hacia atrás.

Ejecución

a. Manteniendo su cuerpo inmóvil y con los codos doblados, tire de la barra hacia su pecho apretando sus omóplatos.

b. Deje que la barra llegue se detenga breve y completamente antes de lenta y de forma controlada devolverla a su posición original, de la misma forma en que la llevó hacia arriba.

Consejo: Si no dispone de una máquina de barra T, puede hacer la suya propia utilizando una barra y una barra de polea, tal como se muestra en la ilustración.

Remos con Mancuerna a Un Brazo
Impulsores: Dorsales, bíceps, hombros.

Posición Inicial: De pie con su mano y rodilla izquierdas descansando sobre una banca, dóblese en la cintura para formar un ángulo de aproximadamente noventa grados. Cuelgue su brazo derecho al lado y sostenga la mancuerna con la palma de su mano hacia su cuerpo. Mantenga su espalda recta y su cabeza un poco hacia atrás.

Ejecución:

a. Mantenga su cuerpo inmóvil y doble el codo, tire de la mancuerna hacia arriba pegado a su cuerpo tan alto como pueda.

b. Deje que la mancuerna se detenga breve y completamente antes de lenta y controladamente regresarla a su posición inicial, de la misma forma en que la tiró hacia arriba.

EJERCICIOS DE HOMBROS

Ejercicios de hombros intercambiables

1 Press Militar (Hombros) con Barra
1 Press Militar (Hombros) con Mancuerna
1 Press (Con Empuje)
2 Elevaciones Frontales
2 Elevaciones Laterales
2 Elevaciones Laterales Inclinadas
2 Elevaciones Laterales con Polea
3 Flyes en Pie
3 Remos en Vertical
4 Encogimientos de Hombros con Barra
4 Encogimientos de Hombros con Mancuerna
5 Manguito Rotador en Posición Supina
5 Manguito Rotador de Lado

Press Militar (Hombros) con Barra
Impulsores: Hombros, tríceps.

Posición Inicial: De pie o sentado en posición vertical. Sujete la barra a la altura de los hombros con agarre en pronación. Agarre la barra con las manos colocadas a una distancia ligeramente superior a la anchura de los hombros.

Ejecución:
a. Manteniendo el cuerpo inmóvil, eleve la barra hacia arriba hasta que sus brazos queden extendidos.

b. Baje la barra lentamente hasta regresar a la posición original de partida.

Press Militar (Hombros) con Mancuerna
Impulsores: Hombros, tríceps.

Posición Inicial: De pie o sentado en posición vertical y sujetando las mancuernas sobre los hombros. Sujételas colocadas a una distancia ligeramente superior a la anchura de los hombros.

Ejecución:
a. Manteniendo el cuerpo inmóvil, empuje las mancuernas hacia arriba hasta que sus brazos queden extendidos.

b. Baje las mancuernas lentamente hasta regresar a la posición original de partida.

Press (Con Empuje)
Impulsores: Hombros, tríceps, piernas.

Posición Inicial: Permanezca con la espalda erguida y las rodillas ligeramente dobladas. Sujete la barra a la altura de los hombros con agarre en pronación. Agarre la barra con las manos colocadas a una distancia ligeramente superior a la anchura de los hombros.

Ejecución:
a. Explote hacia arriba con las piernas para dar a la barra un impulso hacia arriba. Aprovechando el impulso, empuje la barra hacia arriba hasta que sus brazos queden completamente extendidos.
b. Baje la barra lentamente hasta regresar a la posición inicial de partida.

Elevaciones Frontales
Impulsores: Hombros, trapecios.

Posición Inicial: De pie o sentado en posición vertical y sujetando dos mancuernas enfrente de usted con las palmas de las manos mirando hacia el cuerpo.

Ejecución:

a. Con los brazos estirados, elevar las mancuernas por delante del cuerpo en un movimiento continuo y suave hasta que las manos queden ligeramente por encima de los hombros.

b. Haga una breve parada antes de dejar caer los brazos lentamente hasta llegar a la situación de partida, dejando las mancuernas en la posición que estaban antes de levantarlas.

> **CONSEJO PARA TODAS LAS ELEVACIONES DE HOMBROS**
> Una vez que eleve sus brazos más allá del ángulo de noventa grados con su cuerpo, comienza a enfocarse más en los trapecios.

Elevaciones Laterales
Impulsores: Hombros, trapecios.

Posición Inicial: De pie o sentado en posición vertical y sujetando dos mancuernas a los lados con las palmas de las manos mirando hacia el cuerpo.

Ejecución:
a. Con los brazos estirados, eleve las mancuernas lateralmente en un movimiento continuo y suave hasta que las manos queden ligeramente por encima de los hombros. A medida que se va llegando a la posición final, girar los pulgares hacia abajo como si estuviéramos vertiendo un vaso de agua.

b. Haga una breve parada antes de dejar caer los brazos lentamente hasta llegar a la situación de partida, dejando las mancuernas en la posición que estaban antes de levantarlas.

Sugerencia: Este ejercicio también puede ser ejecutado con las palmas mirando hacia arriba.

Sugerencia para todas las elevaciones de hombros: Se puede elevar las mancuernas con los dos brazos a la vez o de forma alternativa.

Elevaciones Laterales Inclinadas
Impulsores: Hombros, trapecios.

Posición Inicial: De pie o sentado, con la cintura inclinada manteniendo la espalda completamente recta y formando un ángulo de noventa grados con las piernas. Deje los brazos colgando lateralmente con las palmas enfrentadas una contra la otra.

Ejecución:

a. Manteniendo los brazos estirados, elévelos lateralmente hasta que queden paralelos respecto a los hombros y ligeramente enfrentados a usted. Al llegar al nivel de los hombros, girar los pulgares hacia abajo con un movimiento continuo y suave como si estuviera vertiendo un vaso de agua.

b. Haga una breve parada antes de dejar caer los brazos lentamente hasta llegar a la situación de partida, dejando las mancuernas en la posición que estaban antes de levantarlas.

Elevaciones Laterales con Polea
Impulsores: Hombros, trapecios.

Posición Inicial: De pie con el brazo derecho al lado del cable y la espalda erguida. Sujete el cable con el brazo izquierdo y déjelo colgando, ligeramente inclinado en frente de su cuerpo. Apoye sobre la cadera la mano que no está utilizando.

Ejecución:

a. Manteniendo el cuerpo rígido y su brazo ligeramente inclinado, tire del cable a través de su cuerpo y hacia los lados en un solo movimiento hasta que su mano quede situada ligeramente por encima del hombro. Al llegar a este nivel, gire el pulgar hacia abajo con un movimiento continuo y suave como si estuviera vertiendo un vaso de agua.

b. Haga una breve parada en esta posición antes de devolver el cable lentamente a la posición de partida.

Flyes en Pie
Impulsores: Hombros, trapecios.

Posición Inicial: De pie o con las rodillas ligeramente inclinadas y doblando la cintura manteniendo la espalda erguida para formar un ángulo de cuarenta y cinco grados con la parte inferior del cuerpo. Con las palmas enfrentadas una a la otra sujetando dos mancuernas unos cuantos centímetros por delante de su pecho y los codos inclinados formando un ángulo de noventa grados

Ejecución:
a. Manteniendo el cuerpo quieto y los brazos doblados en un ángulo de noventa grados, tire de las pesas hacia arriba y hacia atrás tanto como le sea posible, tratando de juntar los omóplatos todo lo que pueda.

b. Después de completar una breve parada devuelva las pesas a la posición de partida.

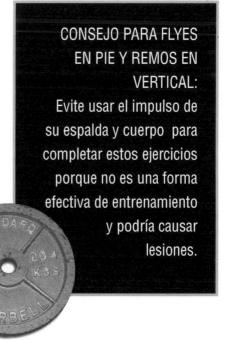

CONSEJO PARA FLYES EN PIE Y REMOS EN VERTICAL: Evite usar el impulso de su espalda y cuerpo para completar estos ejercicios porque no es una forma efectiva de entrenamiento y podría causar lesiones.

Remos en Vertical
Impulsores: Hombros, trapecios, bíceps.

Posición Inicial: De pie con los brazos colgando frente a usted. Sujete la barra con un agarre en pronación Sus manos debe estar separadas unos veinte centímetros aproximadamente.

Ejecución:
a. Manteniendo el cuerpo inmóvil y la espalda recta, levante la barra por encima del mentón, manteniéndola lo más cerca posible del cuerpo sin llegar a tocarlo.

b. Haga una breve parada con la barra en esa posición antes de volver lentamente a la posición de partida.

Encogimiento de Hombros con Barra
Impulsores: Trapecios.

Posición Inicial: De pie con los brazos colgando frente a usted. Sujete la barra con un agarre en pronación separando las manos aproximadamente a la misma distancia que los hombros.

Ejecución:
a. Manteniendo el cuerpo quieto, la espalda erguida y los brazos colgando frente a usted, trate de elevar los hombros hacia arriba.

b. Mantenga la posición durante al menos tres segundos antes de devolver lentamente los hombros a su posición original.

Encogimiento de Hombros con Mancuerna
Impulsores: Trapecios.

Posición Inicial: De pie con lo s brazos colgando frente a usted. Sujete las pesas con un agarre en pronación dejando las palmas de las manos una frente a otra.

Ejecución:
a. Manteniendo el cuerpo quieto, la espalda erguida y los brazos colgando frente a usted, trate de elevar los hombros hacia arriba.

b. Mantenga la posición durante al menos tres segundos antes de devolver lentamente los hombros a su posición original.

CONSEJO PARA ECOGIMIENTOS CON BARRA Y MANCUERNA: Mantener su cabeza agachada incrementa su rango de movimiento para estos ejercicios, proporcionando a sus trapecios un mejor entrenamiento.

Manguito Rotador en Posición Supina
Área entrenada: Manguito Rotador.

Posición Inicial: Acuéstese boca abajo en un banco con un brazo extendido y deje la parte superior de su brazo paralela al suelo. Doble el brazo en ángulo de noventa grados para que quede colgando con la palma hacia atrás. Sujete un peso ligero con esa mano.

Ejecución:
a. Manteniendo el cuerpo inmóvil, gire el antebrazo hacia arriba hasta que quede paralelo respecto al suelo.

b. Devuelva lentamente el brazo a la posición de partida.

CONSEJO: Todos los ejercicios del manguito rotador deben realizarse muy despacio y suave y el peso para estos ejercicios NUNCA debe exceder un kilo y medio o se pueden producir lesiones.

Manguito Rotador de Lado
Área entrenada: Manguito Rotador.

Posición Inicial: Acuéstese de lado sobre un banco con el brazo superior apoyado contra su pecho en paralelo al suelo y el codo doblado en un ángulo de noventa grados para que su mano quede colgando. Sujete un peso ligero con esa mano.

Ejecución:
a. Manteniendo el cuerpo inmóvil, gire su brazo hacia arriba hasta que quede en paralelo con el suelo.

b. Baje lentamente el peso hasta volver a la posición de partida.

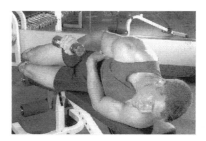

EJERCICIOS DE TRICEPS

Ejercicios de Tríceps Intercambiables

1 Empujes de Tríceps
1 Tirones de Tríceps
1 Rompe Cráneos
1 Kickbacks de Tríceps
1 Fondos con Banca
2 Curls de Tríceps con Barra
2 Curls de Tríceps con Mancuerna
2 Extensiones de Tríceps a Un Brazo

> Si no puede mantener el equilibrio mientras realiza cualquier ejercicio de tríceps con poleas, sitúese de pie con una pierna detrás de la otra.

Empujes de Tríceps
Impulsores: Tríceps.

Posición Inicial: De pie o de rodillas con la espalda erguida en frente de una máquina de cable. Agarre la barra en pronación, mantenga los codos pegados a los costados y sujete la barra por encima del mentón.

Ejecución:
a. Manteniendo el cuerpo inmóvil y los codos pegados a los costados, empuje la barra hacia abajo hasta que los brazos queden completamente extendidos.

b. Tras una breve parada, deje que la barra regrese a su posición inicial manteniendo los codos pegados a los costados en todo momento.

Sugerencia: Como variación, puede utilizar muchos tipos de barra, incluidas las de una sola mano.

Tirones de Tríceps

Este ejercicio es idéntico al de empujes de tríceps pero con las palmas de las manos hacia arriba.

Rompe Cráneos
Impulsores: Tríceps.

Posición Inicial: Túmbese boca arriba en un banco con la cabeza parcialmente colgando. Sostenga una barra con las manos próximas en ligera pronación sobre la cabeza y con los brazos extendidos.

Ejecución:
a. Manteniendo el cuerpo y los codos inmóviles baje lentamente los antebrazos y la barra por detrás de su cabeza todo lo que pueda.

b. Tras una breve parada, devuelva la barra a la posición de partida. Mantenga los codos pegados y no utilice los hombros.

Sugerencia: Si mantener la cabeza fuera del banco le resulta incómodo, puede realizar este ejercicio con la cabeza apoyada en el banco.

Kickbacks de Tríceps
Impulsores: Tríceps.

Posición Inicial: De pie girando la cintura hasta que su cuerpo quede paralelo al suelo con las rodillas ligeramente dobladas. Con un pie adelantado o una rodilla sobre un banco y la mano opuesta sobre otro banco para mantener el equilibrio. Con el codo pegado al costado y la parte superior del brazo paralela al suelo, deje el antebrazo colgando perpendicular al suelo.

Ejecución:
a. Manteniendo el cuerpo y el codo inmóviles, eleve el antebrazo hacia atrás hasta que el brazo quede completamente extendido.

b. Tras una breve parada, baje la mancuerna lentamente hasta devolver el brazo a la posición de partida. Mantenga el codo pegado y no utilice al hombro.

Fondos con Banca
Impulsores: Tríceps, hombros.

Posición Inicial: Sitúe los talones en un banco enfrente de usted y las palmas sobre otro banco detrás de usted y alineadas con sus hombros, dejando la parte posterior suspendida en el aire. Sus talones deben estar juntos y las manos permanecer alineadas con los hombros. Sus brazos deben abrirse para permitir la elevación de su cuerpo.

Ejecución:
a. Agáchese lentamente inclinando los codos todo lo que pueda manteniéndolos pegados tanto como sea posible y manteniendo la espalda erguida.
b. Extienda la espalda completamente mientras los brazos quedan bloqueados.

Sugerencia: Si su cuerpo no suministra la suficiente resistencia por si mismo para realizar un buen ejercicio, póngase algo de peso sobre las rodillas.

Curls de Tríceps con Barra
Impulsores: Tríceps.

Posición Inicial: De pie o sentado erguido y sujetando la barra por encima de su cabeza con los brazos estirados y los codos cerca de la cabeza.

Ejecución:
a. Manteniendo su cuerpo inmóvil y los codos pegados a la cabeza, bajar lentamente los antebrazos y la barra por detrás de la cabeza tanto como le sea posible.
b. Tras una breve parada, regrese a la posición de partida. Mantenga los codos pegados y no utilice los hombros.

Sugerencia: Mantener los codos cerca de la cabeza no siempre es fácil, pero el hacerlo asegura un entrenamiento completo de tríceps.

Curls de Tríceps con Mancuerna
Impulsores: Tríceps.

Posición Inicial: De pie o sentado erguido y sujetando la mancuerna por encima de la cabeza con ambas manos, brazos estirados y los codos pegados a la cabeza.

Ejecución:
a. Manteniendo el cuerpo inmóvil y los codos pegados a la cabeza, bajar lentamente el antebrazo y la mancuerna tanto como sea posible.
b. Tras una breve parada, devolver la mancuerna a su posición inicial. Mantenga los codos pegados a la cabeza y no utilice los hombros.

Extensiones de Tríceps a Un Brazo
Impulsores: Tríceps.

Posición Inicial: De pie o sentado erguido y sujetando una mancuerna por encima de la cabeza con una sola mano. Mantenga el brazo estirado y el codo cerca de la cabeza.

Ejecución:
a. Manteniendo el cuerpo inmóvil y el codo cerca de la cabeza, mueva lentamente el antebrazo y la mancuerna hacia abajo por detrás de la cabeza tanto como le sea posible.
b. Tras una breve parada, devuelva la mancuerna a la posición de partida.

EJERCICIOS DE BÍCEPS/ANTEBRAZOS

Ejercicios de Bíceps/Antebrazos Intercambiables

1 Curls con Barra
1 Curls con Mancuerna
1 Curls con Mancuerna Inclinados
2 Curls con Barra Invertidos
2 Curls con Mancuerna Invertidos
2 Curls de Martillo
3 Curls de Muñeca Traseros
3 Curls de Muñeca Invertidos

Curls con Barra
Impulsores: Bíceps.

Posición Inicial: De pie erguido con los pies guardando la misma separación que los hombros. Sujete la barra con las palmas hacia afuera y los codos pegados a los costados.

Ejecución:
a. Manteniendo los codos pegados a los costados todo el tiempo, utilice los bíceps para elevar la barra hacia la barbilla tanto como le sea posible.
b. Con los codos pegados a los costados, baje la barra lentamente hasta la posición de partida.

Sugerencia: Valerse de ayudas de vez en cuando para ejecutar este ejercicio (echando la espalada hacia atrás para ganar impulso) puede ser beneficioso para ganar masa en el bíceps. ES OLBIGATORIO llevar un cinturón de levantamiento de peso si lo ejecuta de esta manera.

Curls con Mancuerna
Impulsores: Bíceps.

Posición Inicial: De pie o sentado erguido y con los pies con los pies guardando la misma separación que los hombros, sujetando una mancuerna con las palmas hacia afuera de su cuerpo y los codos cerca de los costados.

Ejecución:
a. Manteniendo los codos cerca de los costados utilice los bíceps para girar las mancuernas hacia arriba tan alto como le sea posible. Puede hacer el ejercicio girando ambos brazos a la vez o alternativamente.

b. Con los codos próximos a los costados, baje lentamente las mancuernas hasta volver a la posición de partida.

Consejo para todos los ejercicios de bíceps con mancuernas: Rotar sus muñecas hacia dentro añadirá énfasis extra y le dará a sus bíceps una definición incluso mayor.

Curls con Mancuerna Inclinados
Impulsores: Bíceps.

Posición Inicial: Siéntese en un banco con los codos próximos a los costados y los brazos completamente extendidos. Sostenga las mancuernas con las palmas hacia arriba.

Ejecución:
a. Manteniendo los codos próximos a los costados todo el tiempo, utilice los bíceps para subir las mancuernas tanto como le sea posible. Puede efectuar la elevación con los dos brazos a la vez o alternativamente.
b. Con los codos siempre próximos a los costados, baje lentamente las mancuernas para volver a la posición de partida.

Curls de concentración
Impulsores: Bíceps.

Posición Inicial: Sentado sobre un banco ligeramente inclinado hacia adelante y sujetando una pesa que cuelga entre las piernas. La palma izquierda mira a la pierna derecha y el brazo izquierdo apoyado en la rodilla.

Ejecución:
a. Manteniendo el codo y la parte superior del brazo inmóviles, girar la pesa hacia arriba en dirección al hombro.

b. Con el codo y la parte superior del brazo todavía inmóviles, bajar lentamente la barra a la posición de partida.

Curls con Barra Invertidos
Impulsores: Antebrazos, bíceps.

Posición Inicial: De pie erguido y con los pies separados a la misma distancia que los hombros. Sujete la barra con las palmas dirigidas hacia el cuerpo, las muñecas cerradas y los costados pegados a los costados.

Ejecución:
a. Manteniendo los codos pegados a los costados todo el tiempo, utilizar los antebrazos y los bíceps para elevar la barra en dirección a la barbilla tanto como sea posible.

b. Con los codos todavía pegados a los costados, bajar la barra lentamente para volver a la posición de partida.

Sugerencia: Mantener las muñecas cerradas obliga a poner mayor énfasis en los antebrazos y asegura un muy buen entrenamiento.

Curls con Mancuerna Invertidos
Impulsores: Antebrazos, bíceps.

Posición Inicial: De pie o sentado erguido con los pies separados a una distancia similar a la de los hombros, sujete dos mancuernas con las palmas enfrentadas a su cuerpo, las muñecas cerradas y los codos pegados a los costados.

Ejecución:
a. Manteniendo los codos pegados a los costados y las muñecas cerradas en todo momento, utilice los antebrazos y los bíceps para subir las mancuernas tan alto como sea posible. Puede hacer el ejercicio con los dos brazos a la vez o elevándolos alternativamente.
b. Con los codos todavía pegados a los costados y las muñecas bloqueadas, bajar lentamente la barra a la posición de partida.

Curls de Martillo
Impulsores: Antebrazos, bíceps.

Posición Inicial: De pie o sentado erguido con los pies separados por una distancia similar a la de los hombros. Mantenga dos mancuernas con las manos y las palmas enfrentadas una contra la otra, las muñecas cerradas y los codos pegados a los costados.

Ejecución:
a. Manteniendo los codos pegados a los costados, las muñecas cerradas y las palmas de las manos enfrentadas una contra la otra en todo momento, utilice los antebrazos y los bíceps para subir las mancuernas tan arriba como sea posible. Puede hacer el ejercicio con los dos brazos a la vez o elevándolos alternativamente.

b. Con los codos todavía pegados a los costados, las muñecas cerradas y las palmas enfrentadas una contra la otra, baje lentamente las mancuernas para volver a la posición de partida.

Curls de Muñeca Traseros
Impulsores: Antebrazos.

Posición Inicial: De pie o sentado erguido con los pies separados a una distancia similar a la de los hombros, mantenga la barra por detrás de la espalda como si estuviera esposado con las palmas mirando hacia afuera y los codos pegados a los costados.

Ejecución:
a. Manteniendo los codos pegados a los costados en todo momento, utilice las muñecas para elevar la barra hacia sus antebrazos.
b. Con los codos todavía pegados a los costados, baje lentamente la barra con las muñecas para volver a la posición original.

Curls de Muñeca Invertidos
Impulsores: Antebrazos.

Posición Inicial: Sentado en el extremo de un banco sujetando una barra en pronación con las palmas mirando al suelo y los antebrazos apoyados en los muslos.

Ejecución:
a. Manteniendo todo el cuerpo inmóvil, utilice las muñecas para echar la barra hacia atrás tanto como sea posible.

b. Bajar lentamente la barra con las muñecas hasta llegar a la posición de partida.

EJERCICIOS DE PIERNAS

Ejercicios de Piernas Intercambiables

1 Sentadillas
1 Press de Piernas
1 Alzada de Peso Muerto
1 Extensiones de Piernas
1 Curls de Piernas
2 Elevaciones de Tobillo en Pie
3 Sentadillas con Salto
3 Power Cleans
4 Steps
4 Zancadas

Sentadillas
Impulsores: Parte superior e inferior de las piernas.

Posición Inicial: Sitúese de pie con los pies abiertos a la anchura de los hombros y una barra apoyada detrás de su cuello sobre sus trapecios con las manos ligeramente por fuera de los hombros, con las palmas agarrando hacia abajo. Mantenga su espalda recta y su cabeza erguida.

Ejecución:
a. Con su espalda recta y su cabeza erguida, lentamente baje el peso doblando sus rodillas hasta que la parte superior de sus piernas quede en paralelo con el suelo.
b. Explote hacia arriba de vuelta a la posición inicial. Todo el levantamiento debe hacerse en un movimiento suave y fluido.

Press de Piernas
Impulsores: Parte superior e inferior de las piernas.

Posición Inicial: Siéntese en una máquina de press de piernas con su espalda recta. Coloque las manos en las manillas y sus pies en la barra de soporte.

Ejecución:
a. Con todo permaneciendo inmóvil, descienda las pesas lentamente doblando sus rodillas lo máximo que pueda.

b. Explote hacia arriba hasta la posición inicial. en un movimiento suave y fluido.

Consejo: no bajando mucho las pesas, puede levantar más peso, pero no estará entrenando sus piernas en todo su rango de movimiento.

CONSEJOS PARA SENTADILLAS Y ALZADAS DE PESOS MUERTOS: Permanecer en pie sobre los dedos de sus pies tan alto como pueda y aguantando así un segundo o dos al volver a la posición inicial, es un buen entrenamiento incorporado para las pantorrillas.

Alzadas de Peso Muerto
Impulsores: Parte superior e inferior de las piernas

Posición Inicial: De pie con su espalda recta e inclinándose ligeramente hacia adelante. Doble sus rodillas para poder agarrar la barra con sus brazos totalmente extendidos.

Ejecución:
a. Manteniendo sus brazos rectos, empuje con sus piernas a una posición en pie. También se usará la zona lumbar, pero intente concentrarse en utilizar solo sus piernas para levantar la barra del suelo.
b. Lentamente baje la barra para dejarla a unos pocos centímetros del suelo, con sus brazos y espalda aún rectos y la cabeza erguida.

Consejo: Puede que le resulte más fácil realizar este ejercicio agarrando la barra con una mano con la palma hacia abajo y la otra con la palma hacia arriba tal como se ve en las imágenes.

Extensiones de Piernas
Impulsores: Parte superior de las piernas

Posición Inicial: Siéntese con su espalda recta y las manos agarrando las manillas en una máquina de extensión de piernas. Coloque sus pies por debajo de la barra.

Ejecución:
a. Con todo permaneciendo inmóvil, eleve la barra con sus pies extendiendo las piernas lo máximo que pueda.
b. Lentamente descienda sus piernas hasta la posición inicial de la misma forma que las levantó.

Consejo: Si todas las pesas de la máquina de extensión/curl no son suficientes para usted, puede realizar este ejercicio con una pierna cada vez.

Curls de Piernas
Impulsores: Isquiotibiales

Posición Inicial: Con su espalda recta y las manos agarrando las manillas, túmbese boca abajo en una máquina de curl de piernas y coloque sus pies por debajo de la barra.

Ejecución:
a. Con todo permaneciendo inmóvil, eleve la barra con sus pies doblando las piernas lo máximo que pueda.
b. Lentamente descienda sus piernas hasta la posición inicial de la misma forma que las levantó.

Elevaciones de Talón en Pie
Impulsores: Pantorrillas

Posición Inicial: De pie con los hombros por debajo de los soportes en una máquina de elevación de talones y los dedos de los pies en el soporte elevado de forma que sus talones queden colgando. Mantenga su espalda recta y las manos agarrando las manillas.

a. Con todo permaneciendo inmóvil, levante los dedos de los pies lo máximo que pueda. Aguante esa posición durante un momento para maximizar el entrenamiento de las pantorrillas.
b. Lentamente descienda sus talones hasta la posición inicial de la misma forma que los elevó.

Consejo para todas las elevaciones de talón: Para asegurar el mejor entrenamiento, levante y baje sus talones lo máximo y más lento que pueda.

Sentadillas con Salto
Impulsores: Parte superior e inferior de las piernas

Posición Inicial: En cuclillas, con sus pies a la misma anchura que sus hombros y los brazos cruzados sobre su pecho. Mantenga la espalda recta y su cabeza erguida.

Ejecución:
a. Con todo permaneciendo inmóvil, salte explosivamente hacia arriba lo más alto que pueda.
b. Cuando descienda, vuelva a la posición inicial en un movimiento suave.

Power Cleans
Impulsores: Parte superior e inferior de las piernas

Posición Inicial: De pie con su espalda recta y la cabeza inclinada un poco hacia atrás. Inclínese ligeramente hacia adelante para que sus hombros estén enfrente a la barra del suelo. Mantenga sus pies separados al menos a la misma distancia de sus hombros y sus rodillas dobladas para que pueda agarrar la barra con sus brazos completamente extendidos, con las palmas hacia abajo.

a. Manteniendo sus brazos rectos, empuje con sus piernas y levante la barra manteniéndola cerca de su cuerpo hasta la parte inferior de sus muslos con sus rodillas aún ligeramente dobladas.
b. Desde este punto, utilice la zona lumbar para el impulso y empujarse recto a la vez que usa sus hombros para levantar la barra hasta su estómago.
c. En un movimiento explosivo, sitúe sus muñecas y codos bajo la barra mientras que simultáneamente salta a una posición de cuclillas parcial.

Steps
Impulsores: Parte superior e inferior de las piernas

Posición Inicial: De pie con los pies separados a la altura de los hombros y una barra apoyada detrás de su cuello sobre sus trapecios con las manos ligeramente más separadas que el ancho de los hombros, con las palmas hacia abajo o agarrando mancuernas a ambos lados. Mantenga su espalda recta y su cabeza erguida. En pie con un step, banco o algo con altura enfrente de usted.

a. Suba su pie derecho al step o al banco. Levante su rodilla izquierda de forma que el muslo izquierdo quede paralelo con el suelo.

b. Baje su pierna izquierda del todo hasta el suelo y vuelva a poner su pierna derecha junto a la izquierda. Repita con la otra pierna.

Zancadas
Impulsores: Parte superior e inferior de las piernas

Posición Inicial: De pie con sus pies juntos y o bien con una barra apoyada detrás de su cuello sobre sus trapecios o sujetando dos mancuernas a los lados como en la imagen. Sus manos deben estar ligeramente separadas de la anchura de sus hombros, con las palmas hacia abajo. Mantenga su espalda recta y su cabeza erguida.

Ejecución:
a. Con todo permaneciendo inmóvil, lentamente de un paso adelante con una pierna, doblando ambas rodillas. El peso en su pie trasero debe salir de los dedos de los pies y la rodilla de la pierna trasera debe estar cerca del suelo pero sin tocarlo.

b. Utilizando su pierna extendida, impúlsese a la posición inicial de la misma manera que se arrodillo. Todo el levantamiento debe hacerse en un movimiento suave y fluido.

Consejo: Cuanto más lejos dé el paso adelante, más efectivo será este ejercicio.

Parte IV
Las NECESIDADES

PERFECCIONANDO SU TÉCNICA

Esta sección identifica lo que necesita lograr antes de empezar cualquiera de los programas. La información en esta sección es sumamente importante para los principiantes, así como también para quienes tienen experiencia entrenando con pesas pero que nunca han realizado algunos de los ejercicios recomendados. Para seguir cualquier tipo de rutina de entrenamiento con pesas, primero necesita familiarizarse con el salón de pesas y conocer sus propias fortalezas.

Ahora es el momento para poner a prueba su forma, estilo y técnica. Luego de haber elegido el programa que le gustaría seguir, asegúrese de tomar uno o dos días para realizar sets de calentamiento con cada uno de los ejercicios enumerados en ese programa. La finalidad de estas pocas primeras sesiones no es entrenarlo tan fuerte que esté adolorido los siguientes días, sino practicar su forma y que conozca hasta dónde puede llegar y se familiarice con el salón de pesas. Simplemente vaya al gimnasio con este libro, lea la sección de ejercicios recomendados y complete unas cuantas repeticiones de cada ejercicio utilizando pesas muy livianas.

Estos primeros días de práctica son muy importantes y pueden ser una gran ayuda para usted a medida que progrese en su entrenamiento con pesas y como atleta ayudándole a determinar aproximadamente cuánto peso puede manejar para cada ejercicio.

> Puede encontrar Entrenamiento Deportivo Personal en www.SportsWorkout.com Ahí se le asignará su propio entrenador personal, quien creará rutinas de entrenamiento específicamente para usted.

CALCULANDO SU REPETICIÓN MÁXIMA

Conocer su repetición máxima es una parte fundamental de la medición de su fuerza y progreso y es muy útil para determinar la carga de peso que debe levantar en cada set, sin importar su propósito. Esta sección se llama Calculando Su Repetición Máxima porque este libro nunca recomienda que llegue al límite. Tal como se ha discutido en secciones previas, el llegar al límite puede causar lesiones que, además de ser dolorosas y peligrosas, pueden impedir que en un futuro realice entrenamiento con pesas. Los ejercicios auxiliares o ejercicios para grupos de músculos más pequeños como los bíceps y antebrazos, pueden ser particularmente peligrosos cuando se trata de llegar hasta el límite. Con la tabla de de repetición máxima estimada que se le ofrece, puede calcular su repetición máxima sin tener que intentar levantar su peso máximo. En cambio, puede levantar un peso más ligero varias veces para calcular su repetición máxima de forma segura y precisa.

Su repetición máxima estimada para cada ejercicio es una base subyacente para este libro. Una vez que haya leído el resto del texto verá que todos los sets y repeticiones que necesita realizar están basados en porcentajes de su repetición máxima estimada. Dependiendo de sus metas, necesitará levantar diferentes porcentajes de su repetición máxima estimada.

Su repetición máxima es la mayor cantidad de peso que puede levantar a la vez o para la repetición de un ejercicio en particular.

Comprendiendo la Tabla

Pasos para encontrar su repetición máxima estimada:

1. Elija un ejercicio que desea intentar para encontrar su repetición máxima estimada.

2. Elija un peso de prueba que sea lo suficientemente ligero como para que lo pueda levantar varias veces, pero no más de 8 repeticiones.

3. Levante ese peso hasta fallar. Si hace más de ocho repeticiones, elija un peso más pesado y vuelva a empezar.

4. Encuentre su peso de prueba en la columna del extremo izquierdo de la Tabla de Repetición Máxima Estimada.

5. Encuentre el número de repeticiones que completó exitosamente en la fila superior.

6. Desplácese hacia la derecha partiendo de su peso de prueba y hacia abajo desde sus repeticiones completadas con éxito hasta que encuentre el número que comparte tanto la misma fila como la misma columna.

El número al que llegue es su repetición máxima estimada.

REPETICIONES

	1	2	3	4	5	6	7	8
5	5	5	5	6	6	6	6	6
10	10	10	11	11	11	12	12	12
15	15	15	16	16	17	17	18	19
20	20	21	21	22	23	23	24	25
25	25	26	27	27	28	29	30	31
30	30	31	32	33	34	35	36	37
35	35	36	37	38	39	41	42	44
40	40	41	42	44	45	47	48	50
45	45	46	48	49	51	52	54	56
50	50	51	53	55	56	58	60	62
55	55	57	58	60	62	64	66	68
60	60	62	64	66	68	70	72	75
65	65	67	69	71	73	76	78	81
70	70	72	74	76	79	81	84	87
75	75	77	79	82	84	87	90	93
80	80	82	85	87	90	93	96	99
85	85	87	90	93	96	99	102	106
90	90	93	95	98	101	105	108	112
95	95	98	101	104	107	110	114	118
100	100	103	106	109	113	116	120	124
105	105	108	111	115	118	122	126	130
110	110	113	117	120	124	128	132	137
115	115	118	122	126	129	134	138	143
120	120	123	127	131	135	139	144	149

PESO

REPETICIONES

	1	2	3	4	5	6	7	8
125	125	129	132	136	141	145	150	155
130	130	134	138	142	146	151	156	161
135	135	139	143	147	152	157	162	168
140	140	144	148	153	158	163	168	174
145	145	149	154	158	163	168	174	180
150	150	154	159	164	169	174	180	186
155	155	159	164	169	174	180	186	193
160	160	165	169	175	180	186	192	199
165	165	170	175	180	186	192	198	205
170	170	175	180	186	191	197	204	211
175	175	180	185	191	197	203	210	217
180	180	185	191	196	203	209	216	224
185	185	190	196	202	208	215	222	230
190	190	195	201	207	214	221	228	236
195	195	201	207	213	219	227	234	242
200	200	206	212	218	225	232	240	248
205	205	211	217	224	231	238	246	255
210	210	216	222	229	236	244	252	261
215	215	221	228	235	242	250	258	267
220	220	226	233	240	248	256	264	273
225	225	231	238	246	253	261	270	279
230	230	237	244	251	259	267	276	286
235	235	242	249	256	264	273	282	292
240	240	247	254	262	270	279	288	298

PESO

REPETICIONES

	1	2	3	4	5	6	7	8
245	245	252	259	267	276	285	294	304
250	250	257	265	273	281	290	300	310
255	255	262	270	278	287	296	306	317
260	260	267	275	284	293	302	312	323
265	265	273	281	289	298	308	318	329
270	270	278	286	295	304	314	324	335
275	275	283	291	300	309	319	330	341
280	280	288	297	306	315	325	336	348
285	285	293	302	311	321	331	342	354
290	290	298	307	316	326	337	348	360
295	295	303	312	322	332	343	354	366
300	300	309	318	327	338	348	360	373
305	305	314	323	333	343	354	366	379
310	310	319	328	338	349	360	372	385
315	315	324	334	344	354	366	378	391
320	320	329	339	349	360	372	384	397
325	325	334	344	355	366	378	390	404
330	330	339	349	360	371	383	396	410
335	335	345	355	366	377	389	402	416
340	340	350	360	371	383	395	408	422
345	345	355	365	376	388	401	414	428
350	350	360	371	382	394	407	420	435
355	355	365	376	387	399	412	426	441
360	360	370	381	393	405	418	432	447

PESO

REPETICIONES

PESO	1	2	3	4	5	6	7	8
365	365	375	387	398	411	424	438	453
370	370	381	392	404	416	430	444	459
375	375	386	397	409	422	436	450	466
380	380	391	402	415	428	441	456	472
385	385	396	408	420	433	447	462	478
390	390	401	413	426	439	453	468	484
395	395	406	418	431	444	459	474	490
400	400	411	424	436	450	465	480	497
405	405	417	429	442	456	470	486	503
410	410	422	434	447	461	476	492	509
415	415	427	439	453	467	482	498	515
420	420	432	445	458	473	488	504	522
425	425	437	450	464	478	494	510	528
430	430	442	455	469	484	499	516	534
435	435	447	461	475	489	505	522	540
440	440	453	466	480	495	511	528	546
445	445	458	471	486	501	517	534	553
450	450	463	477	491	506	523	540	559
455	455	468	482	496	512	529	546	565
460	460	473	487	502	518	534	552	571
465	465	478	492	507	523	540	558	577
470	470	483	498	513	529	546	564	584
475	475	489	503	518	534	552	570	590
480	480	494	508	524	540	558	576	596

REPETICIONES

	1	2	3	4	5	6	7	8
485	485	499	514	529	546	563	582	602
490	490	504	519	535	551	569	588	608
495	495	509	524	540	557	575	594	615
500	500	514	529	546	563	581	600	621
505	505	519	535	551	568	587	606	627
510	510	525	540	556	574	592	612	633
515	515	530	545	562	579	598	618	639
520	520	535	551	567	585	604	624	646
525	525	540	556	573	591	610	630	652
530	530	545	561	578	596	616	636	658
535	535	550	567	584	602	621	642	664
540	540	555	572	589	608	627	648	671
545	545	561	577	595	613	633	654	677
550	550	566	582	600	619	639	660	683
555	555	571	588	606	624	645	666	689
560	560	576	593	611	630	650	672	695
565	565	581	598	616	636	656	678	702
570	570	586	604	622	641	662	684	708
575	575	591	609	627	647	668	690	714
580	580	597	614	633	653	674	696	720
585	585	602	619	638	658	679	702	726
590	590	607	625	644	664	685	708	733
595	595	612	630	649	669	691	714	739
600	600	617	635	655	675	697	720	745

PESO

DIFERENTES PERSONAS, DIFERENTES ESTILOS DE ENTRENAMIENTO

Tal como lo indica el título de esta sección, no todas las personas son iguales. En el entrenamiento con pesas, las diferencias se pueden dar tanto física como psicológicamente. Algunas personas nacen con mayores capacidades que otras para desarrollar masa muscular. Una razón muy importante para estas diferencias genéticas es la cantidad de fibras musculares de contracción rápida que uno tiene. Las fibras de contracción rápida pueden volverse más grandes y más fuertes que otras fibras musculares. No se sienta frustrado si ve que otros logran avances iniciales más rápido, porque usted puede y logrará enormes avances siguiendo cualquiera de los programas proporcionados. Al apegarse a su rutina y trabajar duro, puede alcanzar y sobrepasar a casi todos. Las fibras de contracción rápida así como las fibras de contracción lenta, se explican con más detalle en la página 104.

Las personas también difieren mental y psicológicamente. Personas diferentes tienen preferencias diferentes en términos de cómo les gusta entrenarse, qué ejercicios les gusta hacer, así como también con qué frecuencia les gusta entrenarse. Muchos de los diferentes programas de este libro están basados en estilos contrastantes de principios de entrenamiento igualmente legítimos. Algunos programas son para fuerza y desarrollo de volumen, otros para mejorar la energía y hay otros para aumentar la resistencia, la energía y la quema de grasas.

SOBREENTRENAMIENTO Y ESTANCAMIENTO

Todos, en un punto u otro, llegan a una meseta en su entrenamiento. Cuando esto sucede, es muy difícil lograr avances. Muchas veces las mesetas ocurren debido al sobreentrenamiento. Es importante que se exija tanto como pueda en el gimnasio y aproveche al máximo su tiempo, pero puede llegar un momento en que esté haciendo demasiado. Entrenarse siete días a la semana es un ejemplo de sobreentrenamiento. Todos necesitamos días de descanso para que nuestros músculos puedan recuperarse, reagruparse y reconstruirse. Es durante estos días libres que nuestro cuerpo puede volverse más grande y más fuerte.
Ninguno de nuestros programas requiere que haga levantamiento de pesas los siete días de la semana porque no dejaría suficiente tiempo para que sus músculos se recuperen completamente. Incluso los atletas más grandes y más fuertes, fisicoculturistas y levantadores de pesas se toman por lo menos un día de descanso a la semana.

El estancamiento, por otro lado, es considerado por muchos expertos como una respuesta al sobreentrenamiento. Es un síndrome que afecta negativamente su rendimiento atlético y su personalidad. El descanso es el único método preventivo y la única cura para el estancamiento. Todos los programas que se le proporcionan han sido diseñados para que la posibilidad de sobre entrenamiento y estancamiento sea mínima; sin embargo, se empieza a notar síntomas, suspenda el levantamiento de pesas por lo menos una semana y consulte a su médico.

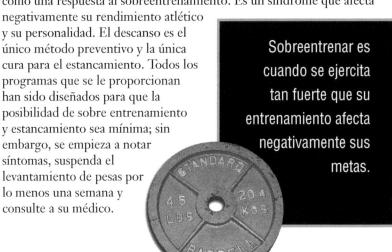

Sobreentrenar es cuando se ejercita tan fuerte que su entrenamiento afecta negativamente sus metas.

Los síntomas de estancamiento incluyen:

1. Alcanzar una meseta en los avances del entrenamiento
2. Tener patrones de sueño inusuales
3. Realizar tareas le parece más difícil
4. Disminución del apetito que lleva a una enfermiza pérdida de peso de masa corporal
5. Aumento de la irritabilidad y ansiedad
6. Sufrir de depresión
7. Disminución del deseo sexual

Los atletas de alto rendimiento tienen el mayor riesgo de estancamiento, pero todos los atletas necesitan ser conscientes de este síndrome.

> Sus músculos necesitan por lo menos cuarenta y ocho horas para recuperarse completamente del entrenamiento con pesas. Por eso nunca debe entrenar los mismos grupos de músculos en días consecutivos.

LA DECLARACIÓN DE VARIACIÓN

La variación es introducir algún tipo de cambio en su rutina de ejercicios. Puede ser el cambio constante de ejercicios dentro de un programa o el cambio total de su programa cada pocas semanas. La variación es muy importante en el entrenamiento con pesas por varias razones fisiológicas y psicológicas. Algunos de los beneficios más importantes de la variación en un programa de entrenamiento con pesas incluyen:

1. No permite que su cuerpo se adapte a cualquier rutina:

La razón más importante para variar sus rutinas es para que pueda mantenerse progresando. La variación es la clave para el progreso continuo. Su cuerpo es una máquina diseñada para adaptarse a cualquier estrés que se le aplique, ya sea calor, presión o tensión. De la misma forma, su cuerpo se adapta a la carga de trabajo que usted le está poniendo en el gimnasio. Después de seguir la misma rutina por suficiente tiempo, se estancará porque su cuerpo se ha acostumbrado a ella, haciendo lo mismo una y otra vez. Cuando se da una meseta, necesita impactar su cuerpo con diferentes tipos de estímulos para continuar haciendo avances. Al cambiar ocasionalmente el tipo de entrenamiento que hace (número de repeticiones, sets, ejercicios y su orden), usted impacta su cuerpo para que esté listo para readaptarse a la nueva carga de trabajo que ahora le está poniendo, lo cual le permite continuar progresando.

2. Evita que se aburra:

Seguir la misma rutina día tras día puede volverse muy aburrido y tedioso. Los expertos en acondicionamiento físico y entrenadores también saben que el aburrimiento en el gimnasio puede ser el principal problema para los atletas. Para hacer mayores avances, necesita entrenar duro y con intensidad. Una vez que la intensidad se pierde, también se pierden los beneficios. Cuando las personas están aburridas con su rutina, pierden motivación y entrenan con menos pasión. Es la naturaleza humana. Desafortunadamente, esta falta de motivación engendra un ciclo negativo. Al no entrenar tan fuerte, los avances se vuelven más difíciles, lo cual lleva a una mayor disminución de la motivación, lo que lleva nuevamente a no entrenar fuerte. Y así continúa el ciclo. Variar ejercicios y estilos cada cierto tiempo mantiene las cosas frescas y mantiene a las personas motivadas, especialmente a los atletas en medio de un largo receso. Por estas razones, cada uno de los programas en la parte posterior del libro dura solo cuatro semanas con ligeros cambios que ocurren después de dos semanas.

3. **Concentrarse, fortalecer y tonificar cada parte de cada músculo:** Como se habrá dado cuenta, este libro le ofrece muchos ejercicios de levantamiento de pesas. Muchos de estos ejercicios entrenan los mismos grupos de músculos. Al igual que las personas, no hay dos ejercicios exactamente iguales. Algunos pueden ser similares, pero no idénticos. Cada ejercicio se concentra en su músculo desde un ángulo diferente y logra un beneficio diferente. Al utilizar una variedad de ejercicios en los mismos músculos, usted fortalece cada parte de esos músculos.

Es la idea de la variación la que hace que este libro sea lo que es. La variación es la razón por la que este libro incluye 54 programas diferentes además de un programa para todo el año en la Parte I, cada uno diseñado para distintos propósitos.

FIBRAS MUSCULARES
Cómo Entrenar, Qué y Por Qué

Nuestros músculos están formados por muchos manojos de fibras musculares. Cada tipo de fibra tiene sus propias características y propósitos. Para simplificarlo, estos músculos se pueden categorizar como:

1. **Fibras de Contracción Rápida**
2. **Fibras de Contracción Lenta**
3. **Fibras Intermedias (propiedades de ambas)**

En la mayoría de las personas la estructura de la fibra muscular es de aproximadamente 25% contracción rápida, 25% contracción lenta y 50% fibras intermedias, las cuales tienen propiedades tanto de las fibras musculares de contracción rápida como de las de contracción lenta. Con el entrenamiento adecuado algunas de las fibras intermedias se pueden convertir en fibras de contracción rápida o lenta. Cuantas más fibras de contracción rápida tenga una persona, más fuerte y explosiva será. Las personas con más fibras de contracción lenta tendrán mayor resistencia y energía. Dependiendo de su propósito, usted puede hacer entrenamiento con pesas para desarrollar cualquiera de las fibras musculares.

Fibras de Contracción Rápida
Generalmente, las fibras de contracción rápida se utilizan en deportes de fuerza y explosivos o deportes que requieren arranques de velocidad y fuerza durante períodos de tiempo relativamente cortos. Un corredor irrumpiendo en un hueco, un jugador de béisbol o softbol tratando de capturar un hit dentro del cuadro, un jugador de baloncesto saltando hacia el aro para una clavada, un jugador de golf haciendo un tiro a trescientas yardas del tee, un tenista cruzando la cancha con un revés, un nadador de corta distancia torpedeando en el agua y un corredor de 110 metros volando en la pista todos están poniendo a prueba sus fibras de contracción rápida. Cualquier tipo de movimiento explosivo es realizado por las fibras de contracción rápida. Las personas que practican estas o actividades de tipos similares deberían concentrarse principalmente en trabajar sus fibras de contracción rápida.

La sencilla razón por la que más fibras de contracción rápida llevan a un mejor desempeño en actividades explosivas es porque se contraen más rápido y con más fuerza que las fibras de contracción lenta. Las fibras de contracción rápida llevan a la *hipertrofia*—un aumento en el tamaño de las fibras musculares como resultado del entrenamiento con pesas—más fácilmente que las fibras de contracción lenta. A medida que sus fibras musculares aumentan de tamaño, también lo hacen sus músculos. El lado negativo de las fibras de contracción rápida es que solo pueden trabajar a su máxima capacidad por períodos de tiempo cortos antes de fatigarse porque trabajan principalmente sin oxígeno o *anaeróbicamente* y obtienen la mayor parte de su energía de depósitos limitados de glucógeno muscular.

Fibras de Contracción Lenta

Las fibras de contracción lenta se utilizan en actividades que se basan en la energía y la resistencia. Corredores de larga distancia, ciclistas, nadadores y triatletas son ejemplos de personas que deberían concentrarse en el entrenamiento de contracción lenta. Estas fibras se contraen más lentamente que las fibras de contracción rápida, pero pueden trabajar por muchas más horas si se entrenan adecuadamente. Las fibras de contracción lenta obtienen su energía aeróbicamente, o del oxígeno. El entrenamiento de contracción lenta es muy bueno para quemar grasa porque el oxígeno estimula el uso de grasa para energía. En las fibras de contracción lenta hay menos hipertrofia, razón por la cual, por ejemplo, los corredores de maratón tienden a ser mucho más pequeños que los jugadores de fútbol.

TÉCNICAS DE ENTRENAMIENTO

Entrenar hasta Fallar:
Entrenar hasta fallar significa entrenar en un set particular hasta que se agote y no pueda completar otra repetición por su cuenta. Ya sea que se entrene por resistencia, energía o fuerza, se recomienda que lo haga cerca del punto de fallo en la mayoría de sus sets. Al entrenar hasta fallar, usted entrena su cuerpo hasta sus máximas capacidades. Este tipo de entrenamiento es duro, pero los resultados bien valen la pena.

Repeticiones Forzadas:
Las repeticiones forzadas se realizan directamente después de que se ha entrenado para una falla positiva y no puede completar otra repetición. Baja el peso gradualmente y su observador le ayuda a levantarlo de regreso lentamente. Su observador lo debe ayudar a completar la repetición, pero no debe hacer todo el trabajo por usted. Su observador se debe asegurar de que usted pase por lo menos tres o cuatro segundos en la fase positiva del levantamiento mientras le ayuda.

Negativos:
Los negativos también se realizan directamente después de que se haya entrenado hasta fallar. El opuesto de las repeticiones forzadas, lo excéntrico o el aspecto reductor del levantamiento, es extremadamente lento y la parte concéntrica del levantamiento es rápida, con la ayuda de su observador. Le debería llevar aproximadamente seis o siete segundos bajar las pesas con la ayuda de su observador. En este momento, con la ayuda de su observador, regrese rápidamente las pesas a su posición inicial y repita. Utilizar negativos es el mejor método para aumentar su fuerza y tamaño, sin embargo, no se deberían utilizar muy frecuentemente porque trabajan sus músculos tan fuertemente que necesitan más de una semana para poder recuperarse completamente antes de poder realizar este entrenamiento de nuevo.

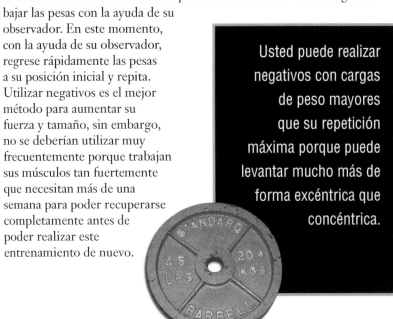

Usted puede realizar negativos con cargas de peso mayores que su repetición máxima porque puede levantar mucho más de forma excéntrica que concéntrica.

Súper Series:
Este es un método de entrenamiento en el cual usted realiza un set de dos ejercicios uno después del otro sin descanso. Por ejemplo, si fuera a hacer súper serie de curls con barra y curls de tríceps, haría un set de curls con barra e inmediatamente después de terminarlo, haría un set de curls de tríceps y luego descansaría antes de repetir.

Triples Series:
Igual que las súper series pero con tres ejercicios en lugar de dos.

Preexhaustivas:
Este es uno de los métodos de entrenamiento con pesas más intenso. Es una forma de súper series donde realiza muchas repeticiones de un ejercicio para un solo músculo e inmediatamente continúa con un ejercicio compuesto que trabaje los mismos músculos. Por ejemplo, si va a hacer series pre exhaustivas para los hombros, podría primero realizar muchas repeticiones de levantamientos laterales con poco peso e inmediatamente continuar con un press militar.

Agotamientos (método de disminución):
Este método es muy popular y muy efectivo. Directamente después de haber completado un set trabajando hasta fallar, inmediatamente disminuya la carga de las pesas para que pueda continuar entrenando sin descanso y realice el siguiente set hasta fallar solo para disminuir el peso nuevamente y trabajar hasta fallar.

Método de la Pirámide:
El método de la pirámide es una gran táctica para aumentar fuerza. Se realiza adecuadamente disminuyendo las repeticiones y aumentando el peso en cada set. Un ejemplo sería realizar cinco repeticiones con 100 lbs. seguidas de tres repeticiones con 120 lbs. y una repetición con 140 lbs.

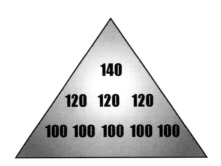

Entrenamiento en Circuito:
El entrenamiento en circuito es el mejor método de entrenamiento con pesas para lograr un estado físico total y beneficios aeróbicos. Es una gran forma para ejercitar todo el cuerpo rápida y efectivamente. El entrenamiento en circuito es un tipo de entrenamiento de resistencia en el que se realiza un set de seis a diez ejercicios consecutivamente sin descanso. Los seis a diez ejercicios deben trabajar los principales grupos de músculos de todo su cuerpo para un entrenamiento completo. Luego de haber terminado un circuito a través de la rotación completa, descanse por un momento antes de repetir.

Entrenamiento Cíclico:
El entrenamiento cíclico consiste en rotar entre dos o tres diferentes programas de entrenamiento multisemanales. Un ciclo holístico sería seguir un programa de resistencia, luego un programa de energía, luego un programa de fuerza y repetirlos. Es mejor tomar una semana de descanso activo o total después de haber completado un ciclo para permitir que su cuerpo se recupere completamente antes de empezar de nuevo. El descanso activo es cualquier tipo de actividad de bajo nivel no estructurada.

CUÁNDO AUMENTAR
El Método X + 3

El objetivo del entrenamiento con pesas es, con el paso del tiempo, aumentar gradualmente la resistencia. Dos formas de aumentar resistencia son:

1. Aumentar la carga de peso
2. Aumentar el número de repeticiones

Aumentar la carga de peso puede ser abrumador y difícil, por lo que este libro recomienda que una vez que un peso se empieza a sentir muy liviano para el número designado de repeticiones, debería aumentar el número de repeticiones antes de aumentar la carga de peso. El método X + 3 establece que si usted necesita levantar X repeticiones en un dado set y puede fácilmente lograrlo, entonces la próxima vez que lo haga, trate con X + 1 repeticiones utilizando el mismo peso. Dado que cada ejercicio empieza a sentirse más y más liviano, aumente sus repeticiones hasta X + 3. Cuando las repeticiones de X + 3 se logren fácilmente, aumente el peso en una pequeña cantidad y regrese a las X repeticiones, repitiendo el proceso. A continuación se encuentra un ejemplo del método X + 3.

Su rutina requiere press de banca con 100 lbs. 10 veces. Completa las 10 repeticiones con facilidad por lo que la próxima vez que va al gimnasio, levanta 100 lbs. 11 veces. Continúa este proceso hasta que levantar 100 lbs. 13 veces se vuelve fácil. En este punto, aumenta su peso a 105 lbs. y vuelve a empezar con 10 repeticiones

REGLA GENERAL: Aumente el número de repeticiones antes de aumentar el peso.

ELEGIR EL PROGRAMA CORRECTO

Se le facilitan 54 ejercicios de entrenamiento con pesas además del programa para todo el año en la Parte I. Cada programa está diseñado para un propósito diferente. ¿Cómo saber cuál elegir? A continuación aparecen algunos factores importantes que debe tomar en cuenta al determinar dónde empezar:

Propósito:
El factor más importante a tomar en cuenta cuando elige su programa es el propósito para el cual está entrenando. ¿Desea volverse más musculoso, más fuerte, más tonificado, tener más energía, más delgado o desea entrenar para obtener un acondicionamiento físico general? Si desea volverse más musculoso y elige un programa de resistencia, estará alejándose de su meta. Asegúrese de elegir un programa que se adecúe a su propósito.

Experiencia en el Entrenamiento con Pesas:
El segundo factor a considerar al elegir un programa es su experiencia en el gimnasio. Para cada estilo de entrenamiento, se le ofrecen distintos niveles de intensidad. Si es un principiante, probablemente quiera empezar con un programa de menos tiempo y frecuencia que los programas más avanzados para no correr el riesgo de sobreentrenar. Igualmente, si usted tiene experiencia en el entrenamiento con pesas y está buscando dar el siguiente paso, probablemente seguirá un programa con más ejercicios y mayor frecuencia para obtener un mejor entrenamiento.

Disponibilidad de Tiempo:
Su disponibilidad de tiempo también es un factor importante al elegir su programa. Se le brindan programas que varían desde tres a seis días a la semana. Para cada tipo de entrenamiento (fuerza, energía o resistencia), puede elegir entre seis niveles de dificultad basándose en la cantidad de ejercicios y la frecuencia de su entrenamiento. Si no dispone de mucho tiempo para entrenar, entonces elija un programa de Nivel I o Nivel II. Si dispone de suficiente tiempo para entrenar y tiene el deseo de entrenar duro, entonces elija un programa de Nivel IV o Nivel V. Los programas de Nivel VI se recomiendan solo para quienes están muy avanzados en el entrenamiento con pesas. Asumiendo que se entrena con la misma intensidad, verá resultados más rápido entrenando con un programa más difícil.

Preferencia Personal

Este es el elemento final que debe tomar en cuenta al elegir su programa. Un vez que ha encontrado todos los programas que cumplen sus criterios en términos de propósito, experiencia y disponibilidad de tiempo, puede hacer una decisión final basándose en su preferencia personal. Échele un vistazo a cada uno de los programas y decida cuál estilo de entrenamiento prefiere. Puede elegir entre entrenar grupos de músculos antagonistas (opuestos) o grupos de músculos sinérgicos (con objetivos congruentes) en el mismo día. Los entrenamientos antagonistas y sinérgicos son los dos estilos principales de entrenamiento con pesas. Ambos son excelentes formas de ejercitarse y son utilizados por igual por atletas en todo el mundo.

Entrenamiento de Grupos de Músculos Antagonistas (Opuestos)

Pros: Al entrenar grupos de músculos antagonistas el mismo día, está estirando sus músculos y aumentando su flexibilidad y rango de movimiento. Por ejemplo, al entrenar sus tríceps, está extendiendo su brazo, lo cual estira sus bíceps.

Ejemplos de grupos de músculos antagonistas incluyen:
   Bíceps/Tríceps
   Pecho/Dorsales (Espalda)
   Isquiotibiales/Cuádriceps (muslos)

Contras: El mayor problema que surge de este estilo de entrenamiento es la fatiga. Cuanto más grande sea el grupo de músculos que está entrenando, más fatigado se sentirá. Al entrenar grupos de músculos antagonistas, entrenará su pecho y sus dorsales (espalda) en el mismo día. Ambos son grupos de músculos muy grandes y si entrena duro, puede experimentar un poco de fatiga.

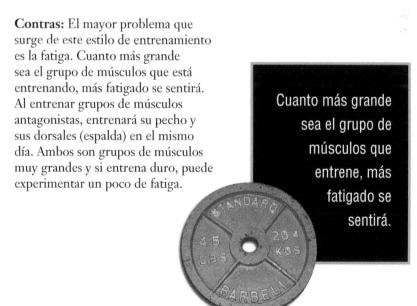

Cuanto más grande sea el grupo de músculos que entrene, más fatigado se sentirá.

Entrenamiento Muscular Sinérgico (Con Objetivo Congruente): "El Método Empujar-Tirar"

Pros: El entrenamiento sinérgico le permite trabajar sus músculos con aún mayor concentración porque con cada ejercicio que realiza estará trabajando por lo menos un músculo común. Ejemplos de entrenamiento sinérgico incluyen trabajar su pecho y tríceps el mismo día porque ambos ejercitan los tríceps. Otro ejemplo de esto es trabajar sus dorsales (espalda) y sus bíceps, ambos trabajan sus bíceps. A este tipo de entrenamiento se le denomina el *método de empujar-tirar* porque realizará todos sus ejercicios de empujar en un día y todos sus ejercicios de tirar al día siguiente.

Contras: El único inconveniente verdadero de entrenar de esta forma es que no obtiene el estiramiento en sus músculos durante su sesión de entrenamiento con pesas como sucede en el entrenamiento antagónico.

> Es mejor si periódicamente cambia de un estilo al siguiente para impactar su cuerpo con un tipo diferente de entrenamiento. Pruebe los dos estilos principales y determine por usted mismo cuál funciona mejor para usted.

NIVELES DE PROGRAMA

Los 54 programas que aparecen al final del libro están divididos en seis niveles de dificultad. Los programas de menor intensidad son los de Nivel I para principiantes o para personas que no disponen de mucho tiempo para pasar en el gimnasio. Los programas de mayor intensidad son los de Nivel VI, los cuales deben ser utilizados exclusivamente por levantadores de pesas experimentados que buscan llevar su entrenamiento al siguiente nivel. Los programas de Nivel I han sido creados para ser más suaves con su cuerpo pero siempre permiten que progrese y los programas de Nivel VI han sido creados para entrenarlo tan fuerte como sea posible sin sobreentrenar. Cuanto mayor sea la intensidad del programa, más rápido verá resultados.

Nivel I: Principiantes

Nivel II: Poca intensidad

Nivel III: Intensidad moderada

Nivel IV: Intensidad superior al promedio

Nivel V: Mucha intensidad

Nivel VI: Intensidad Extrema — Recomendado solo para levantadores de pesas experimentados.

Estos niveles se basan en:
1. **Frecuencia**
2. **Tiempo**
3. **Métodos de entrenamiento avanzado**

Frecuencia: Los programas que se le proporcionan son de tres o cuatro días por semana, permitiéndole aumentarlos hasta seis días por semana—excepto los programas de entrenamiento de fuerza, los cuales no deben exceder los cinco días por semana. Por lo tanto, cuanto más frecuentemente lo haga trabajar el programa, mayor será su intensidad total.

Programas de tres días a la semana: Cualquier cosa inferior a tres días por semana no será entrenamiento suficiente para que logre avances. Entrenarse dos veces a la semana es considerado entrenamiento de mantenimiento, lo que únicamente le permite mantener los avances que ya ha alcanzado.

Cada programa de tres días a la semana lo hace entrenar su todo su cuerpo en una sesión. Debido a que está entrenando todo su cuerpo en una sesión, no puede centrarse mucho en ningún grupo de músculos. Entrenar un mínimo de tres días a la semana le asegura que está trabajando todos los músculos de su cuerpo el número de veces requeridas por semana para continuar logrando avances. También, debido a que está entrenando todo su cuerpo durante una sesión, el siguiente día siempre es día de descanso, brindándole a sus músculos suficiente tiempo para recuperarse y reagruparse.

Si elige aumentar la frecuencia de su programa recomendado, incremente en uno su nivel de dificultad.

Programas de cuatro o más días a la semana: A medida que aumenta la frecuencia de los programas, así aumentan las opciones. Al entrenarse más de tres veces a la semana, no puede entrenar todo el cuerpo en una sesión porque no podría tomar el día de descanso necesario luego de cada sesión. Con estos programas más frecuentes, puede elegir si desea seguir una rutina dividida de dos o tres días. Entrenar diferentes grupos de músculos cada día le da a un grupo de músculos el tiempo para descansar mientras se trabaja el otro. Esto es lo que le permite entrenarse en días consecutivos. Tenga en cuenta que nunca se le pide que entrene los siete días de la semana porque su cuerpo necesita por lo menos un día completo de descanso para sanar y volverse más fuerte.

Tiempo: Ciertos programas contienen más ejercicios que otros. El número de ejercicios requeridos se relaciona directamente con el tiempo que pasará en el gimnasio. Cuantos más ejercicios tenga un programa, mayor nivel de intensidad habrá.

Métodos de entrenamiento avanzado: El último factor utilizado para determinar el nivel de intensidad de cada programa es el uso de los métodos de entrenamiento avanzado. Estos métodos son opcionales en cada programa. El uso de métodos de entrenamiento avanzado mueve la dificultad del programa un nivel hacia arriba.

Cada uno de los programas está diseñado para que logre avances reales y cambios positivos en su cuerpo, mente, salud y capacidad atlética. Cuanta mayor intensidad tenga un programa, más rápido podrá lograr y sobrepasar sus objetivos. Cuanto más duro entrene, más rápido responderán sus músculos. Estos programas han sido cuidadosamente creados para que no se sobreentrene ni se subentrene basándose en los principios referentes a suficiente tiempo para descansar y trabajar sus músculos.

> Los métodos de entrenamiento avanzado son opcionales. El uso de métodos de entrenamiento avanzado mueve la dificultad del programa un nivel hacia arriba.

RECORDATORIOS DE SEGURIDAD

El entrenamiento con pesas, al realizarlo adecuadamente puede ser una forma muy efectiva para modelar su cuerpo y lograr su potencial atlético. Además de todos los beneficios de la mejora de desempeño del entrenamiento con pesas, también juega un papel importante en la reducción de lesiones, prevención de lesiones y rehabilitación de lesiones. Con músculos más fuertes soportando sus huesos, tendones y ligamentos, será menos propenso a las lesiones y podrá realizar la mayoría de actividades con fuerza todo el tiempo. Sin embargo, si no se siguen las precauciones de seguridad, se pueden producir lesiones.

A continuación aparecen algunos recordatorios de seguridad que le ayudarán a mantenerse libre de lesiones en el gimnasio.

Siempre tenga un observador: No importa lo experimentado que sea o qué tan ligero piense que es el peso, siempre necesita a alguien para observarlo.

Utilice topes de seguridad: Los topes evitarán que las pesas se salgan y se caigan durante un levantamiento, lo cual podría resultar en una lesión para usted o para otros.

Levante las pesas correctamente: La mayoría de lesiones en la sala de pesas vienen de levantar las pesas y ponerlas incorrectamente. Para evitar problemas crónicos de espalda baja, asegúrese de doblar las rodillas y mantener su espalda recta cada vez que recoja o ponga las pesas.

Beba suficiente agua: Incluso si no tiene sed, asegúrese de beber mucha agua antes y durante su rutina de ejercicios, especialmente si prevé mucha transpiración. A medida que se deshidrata, su capacidad para realizar el trabajo disminuye considerablemente, lo cual limitará su intensidad y hará lento su progreso.

Utilice la postura correcta: La postura adecuada le proporcionará mejores resultados y le ayudará a no lesionarse.

Respire correctamente: Es muy importante respirar al realizar cualquier ejercicio, inhalar en la parte negativa del levantamiento y exhalar en la parte positiva. ¡No aguante su respiración!

No deje caer las pesas: Esto no solo puede romper las pesas, sino también puede ser muy peligroso para cualquiera que esté en el gimnasio. Siempre coloque las pesas de regreso en una forma controlada.

Vístase adecuadamente: El calzado deportivo es obligatorio; usar una ropa para gimnasio inadecuada como por ejemplo sandalias puede causar lesiones tales como dedos del pie fracturados.

Use su cabeza: Si empieza a sentirse mal, con el estómago descompuesto, mareado o si siente dolor en las articulaciones o el pecho, suspenda su sesión y hágase revisar inmediatamente.

Consulte a su médico: Es necesario que todos se revisen con su médico antes de empezar cualquiera de los programas recomendados o antes de aumentar la intensidad de cualquiera de los programas.

LLEVAR REGISTROS

Al seguir cualquier tipo de programa, es fundamental que lleve registros diarios por muchas razones. Cinco de las más importantes son:

1. Saber cuándo aumentar carga de peso o repeticiones
2. Saber dónde empezar luego de retirarse por un tiempo del gimnasio
3. Observar sus avances a través del tiempo
4. Motivación
5. Detectar sobre entrenamiento

Puede llevar registros de cualquiera o de un gran número de factores que pueden ser importantes para su entrenamiento o progreso. Se le ha proporcionado un ejemplo de una tabla para llevar registro para ayudarle a monitorear su progreso. Puede imprimir una cantidad ilimitada de estas tablas de www.sportswrokout.com/chart.htm. Han sido hechas en forma accesible para que pueda llevar registros en la mejor y más fácil forma posible.

Cuándo aumentar: Llevar registros de su actividad diaria en el gimnasio le permitirá determinar cuándo está listo para aumentar su intensidad y por cuánto. Sin registros bien llevados, sus intentos por intensificar sus esfuerzos serán hechos con tácticas al azar. El aproximar las cargas de peso lo hará perder tiempo y evitará que entrene eficientemente. Con registros bien llevados, usted sabrá exactamente cuándo y cuánto necesita aumentar la carga de peso.

Dónde empezar: En un momento u otro, habrá ocasiones en las que no podrá ir al gimnasio durante períodos largos de tiempo. Puede ser por enfermedad, por haber sufrido una pérdida en la familia o por una vacación. La conclusión es que puede haber un momento cuando interrumpirá su programa y necesitará reincorporarse. Al llevar registros, sabrá exactamente dónde se quedó. Sin embargo, debido a que ha estado sin entrenar con pesas por un tiempo, necesitará disminuir ligeramente la carga de peso de donde se quedó, pero tendrá sus registros como medida. Si deja de entrenar con pesas por un período de tiempo largo sin llevar registros, tendrá que fiarse de su memoria, lo cual resultará nuevamente en una cuestión al azar.

Observe sus avances: Es muy importante poder observar sus avances. Le permitirá ver en cuáles partes del cuerpo ha hecho mejoras y cuáles partes aún necesitan trabajo. Los registros le dan una idea de cuáles cambios necesita realizar para que su próximo programa compense estas diferencias. Usted querrá saturar su próximo programa con ejercicios que trabajan las partes más débiles de su cuerpo y esta información solo se puede saber con registros bien llevados.

Motivación: Además de monitorear su progreso en el gimnasio, el llevar registros le proporciona motivación para continuar trabajando más y más duro. Podrá ver en papel cómo ha progresado con el tiempo, lo cual le inspirará a trabajar más duro. Cuando las personas tienen una evidencia fuerte de que realmente están logrando avances en el gimnasio, esto las motiva a continuar haciendo más avances.

Sobreentrenamiento: Incluso si no se siente sobreentrenado, podrá ver claramente si está sobreentrenado viendo sus registros. Si con el tiempo, se da cuenta en sus registros de un patrón significativo de disminución de un día al siguiente, el culpable puede ser el sobreentrenamiento. Puede que no siempre el sobreentrenamiento sea la razón, pero es muy probable que pueda ser. Otras razones podrían ser cambios en sus patrones de alimentación o de sueño o una enfermedad. En cualquier caso, el llevar registros le ayudará a determinar cuál puede ser el problema y cómo lo puede resolver.

Se pueden encontrar tablas más grandes e imprimibles para llevar registros en **www.sportsworkout.com/htm**

¡EVALÚESE USTED MISMO!

Al evaluarse usted mismo, puede visualmente darse cuenta de hasta donde ha progresado. En www.sportsworkout.com/test.htm podrá encontrar pruebas específicas de fuerza, energía, resistencia y pruebas de deporte específico para que pueda medir su progreso en diferentes formas. También puede dar seguimiento a otras cosas relevantes como sus medidas de músculo y cintura.

> Reevalúese cada seis semanas para controlar sus avances.

Puede aplicar las pruebas de fuerza, energía o resistencia en cualquiera o en todos los ejercicios recomendados. Sin embargo, se sugiere que solo se evalúe en el press de banca, press de pierna, press militar y polea para dorsal ancho porque le llevaría días evaluarse en cada uno de los ejercicios recomendados. Estos cuatro ejercicios son buenos indicadores de su condición física general porque cubren todos sus principales grupos de músculos. El press de banca trabaja su pecho y tríceps. El press de pierna cubre toda la parte inferior de su cuerpo. La polea para dorsal ancho trabaja sus dorsales y bíceps. Y el press militar trabaja sus hombros y trapecios.

> Para las pruebas de entrenamiento sin pesas, tome el mejor de tres intentos para asegurar los resultados más precisos.

CONCLUSIÓN

Ahora está listo para empezar a entrenarse con pesas. Tiene toda la información frente a usted y programas diseñados por expertos para su uso, dotándolo de los mejores métodos disponibles para maximizar su potencial atlético. También sabe cómo aplicar los ejercicios correctamente. Con trabajo duro y determinación, logrará sus objetivos. La mejor de las suertes en su entrenamiento. Para maximizar aún más su entrenamiento, asegúrese de registrarse en nuestro Programa Electrónico Específico para Deporte yendo a www.SportsWorkout.com para un entrenamiento en línea individual y rutinas de ejercicios personalizadas de entrenadores personales expertos.

Parte V
PROGRAMAS DE 4 SEMANAS
Adicionales

ENTRENAMIENTO
Resistencia/ Quemar grasas

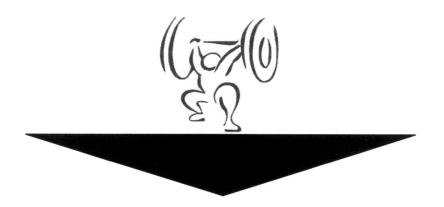

Nivel de Programa I
Entrenamiento Resistencia/Quemar Grasas
Cuerpo entero días alternos
Descansar días alternos

Semanas 1 y 2

Día 1

Ejercicio	Sets	Repet.
Press de banca c/ barra	3	20,20,20
Remo en polea baja	3	20,20,20
Sentadillas	3	20,20,20
Press militar mancuerna	3	20,20,20

Día 2

Ejercicio	Sets	Repet.
Press banca inclin. c/ barra	3	20,20,20
Press 1 brazo mancuerna	3	20,20,20
Press de piernas	3	20,20,20
Press militar con barra	3	20,20,20

Día 3

Ejercicio	Sets	Repet.
Press de banca c/ barra	3	20,20,20
Remo en polea baja	3	20,20,20
Sentadillas	3	20,20,20
Press militar mancuerna	3	20,20,20

Semanas 3 y 4

Día 1

Ejercicio	Sets	Repet.
Press de banca c/ barra	3	25,25,25
Remo en polea baja	3	25,25,25
Sentadillas	3	25,25,25
Press militar mancuerna	3	25,25,25

Día 2

Ejercicio	Sets	Repet.
Press banca inclin. c/ barra	3	25,25,25
Press 1 brazo mancuerna	3	25,25,25
Press de piernas	3	25,25,25
Press militar con barra	3	25,25,25

Día 3

Ejercicio	Sets	Repet.
Press de banca c/ barra	3	25,25,25
Remo en polea baja	3	25,25,25
Sentadillas	3	25,25,25
Press militar mancuerna	3	25,25,25

Nivel de Programa II
Entrenamiento Resistencia/Quemar Grasas
Cuerpo entero días alternos
Descansar días alternos

Semanas 1 y 2

Día 1

Ejercicio	Sets	Repet.
Press de banca c/ barra	3	20,20,20
Remo en polea baja	3	20,20,20
Sentadillas	3	20,20,20
Press militar mancuerna	3	20,20,20
Zancadas	3	20,20,20
Elevaciones frontales	2	20,20

Día 2

Ejercicio	Sets	Repet.
Press banca c/ mancuer.	3	20,20,20
Flyes en pie	3	20,20,20
Remos en pie sobre barra	3	20,20,20
Curls de piernas	3	20,20,20
Elevación talones en pie	3	20,20,20
Cruces en poleas	2	20,20

Día 3

Ejercicio	Sets	Repet.
Press de banca c/ barra	3	20,20,20
Remo en polea baja	3	20,20,20
Sentadillas	3	20,20,20
Press militar mancuerna	3	20,20,20
Zancadas	3	20,20,20
Elevaciones frontales	2	20,20

Semanas 3 y 4

Día 1

Ejercicio	Sets	Repet.
Press de banca c/ barra	3	25,25,25
Remo en polea baja	3	25,25,25
Sentadillas	3	25,25,25
Press militar mancuerna	3	25,25,25
Zancadas	3	25,25,25
Elevaciones frontales	2	25,25

Día 2

Ejercicio	Sets	Repet.
Press banca c/ mancuer.	3	25,25,25
Standing byes	3	25,25,25
Remos pie sobre barra	3	25,25,25
Curl de piernas	3	25,25,25
Elevación talones en pie	3	25,25,25
Cruces en poleas	2	25,25

Día 3

Ejercicio	Sets	Repet.
Press de banca c/ barra	3	25,25,25
Remo en polea baja	3	25,25,25
Sentadillas	3	25,25,25
Press militar mancuerna	3	25,25,25
Zancadas	3	25,25,25
Elevaciones frontales	2	25,25

Nivel de Programa II
Entrenamiento Resistencia/Quemar Grasas
Split de Tres Días cuatro días a la semana
Entrenamiento Antagonista

Semanas 1 y 2

Día 1

Ejercicio	Sets	Repet.
Press de banca c/ barra	3	20,20,20
Press banca inclin. c/ barra	2	20,20
Remo en polea baja	3	20,20,20
Remo inclinado c/ barra	2	20,20

Día 2

Ejercicio	Sets	Repet.
Kickbacks de tríceps	2	20,20
Fondos con banca	2	20,20
Curls con mancuerna	2	20,20
Curls inclinados	2	20,20

Día 3

Ejercicio	Sets	Repet.
Sentadillas	3	20,20,20
Curls de piernas	3	20,20,20
Press militar mancuerna	3	20,20,20
Remo en pie	3	20,20,20

Semanas 3 y 4

Día 1

Ejercicio	Sets	Repet.
Press banca mancuerna	3	25,25,25
Press banca inclininado	2	25,25
Remo 1 brazo c/ mancuer.	3	25,25,25
Remo con barra T	2	25,25

Día 2

Ejercicio	Sets	Repet.
Curls inclinad. c/ mancu.	2	25,25
Curls invertidos	2	25,25
Curls de tríceps c/ barra	2	25,25
Fondos con banca	2	25,25

Día 3

Ejercicio	Sets	Repet.
Press de piernas	3	25,25,25
Zancadas	3	25,25,25
Press militar con barra	3	25,25,25
Elevaciones frontales	2	25,25

Nivel de Programa II
Entrenamiento Resistencia/Quemar Grasas
Split de Tres Días cuatro días a la semana
Entrenamiento Sinérgico

Semanas 1 y 2

Día 1

Ejercicio	Sets	Repet.
mancuerna	3	20,20,20
Press banca inclin. c/ barra	3	20,20,20
Kickbacks de tríceps	2	20,20
Fondos con banca	2	Fallo

Día 2

Ejercicio	Sets	Repet.
Remo en polea baja	3	20,20,20
Remo inclinado c/ barra	3	20,20,20
Curls con mancuerna	2	20,20
Curls inclinados	2	20,20

Día 3

Ejercicio	Sets	Repet.
Zancadas	3	20,20,20
Extensiones de piernas	2	20,20
Press militar mancuerna	3	20,20,20
Remo en pie	3	20,20,20

Semanas 3 y 4

Día 1

Ejercicio	Sets	Repet.
Press de banca c/ barra	3	25,25,25
Press banca inclin. c/ mancu.	3	25,25,25
Curls de tríceps	3	25,25,25
Fondos con banca	2	Fallo

Día 2

Ejercicio	Sets	Repet.
Remos 1 brazo	3	25,25,25
Remos 1 barra	3	25,25,25
Curls inclinad. c/ mancu.	2	25,25
Curls con barra	2	25,25

Día 3

Ejercicio	Sets	Repet.
Press de piernas	3	25,25,25
Zancadas	3	25,25,25
Press militar con barra	3	25,25,25
Elevaciones frontales	2	25,25

Nivel de Programa III
Entrenamiento Resistencia/Quemar Grasas

Entrenamiento Resistencia/Quemar Grasas
Split de Tres Días cuatro días a la semana-Entrenamiento Antagonista

Semanas 1 y 2

Día 1

Ejercicio	Sets	Repet.
Press banca inclin. c/ barra	3	20,20
Press banca inclinad. manc.	2	20,20
Remo en polea baja	3	20,20,20
Remo c/ barra inclinado	2	20,20
Fondos	3	Fallo
Tirones dorsal agarre ext.	2	20,20

Día 2

Ejercicio	Sets	Repet.
Kickbacks de tríceps	2	20,20
Fondos con banca	2	20,20
Curls con mancuerna	2	20,20
Curls inclinados	2	20,20
Curls de martillo	2	20,20
Press banca agarre interior	2	20,20

Día 3

Ejercicio	Sets	Repet.
Sentadillas	3	20,20,20
Extensiones de piernas	2	20,20
Press militar mancuerna	3	20,20,20
Remo en pie	3	20,20,20
Zancadas	2	20,20
Elevación lateral inclinad.	2	20,20

Semanas 3 y 4

Día 1

Ejercicio	Sets	Repet.
Press banca c/ mancuer.	3	25,25,25
Press banca inclin. c/ barra	2	25,25
Remo 1brazo c/ mancuer.	3	25,25,25
Remos en punta c/ barra	2	25,25
Cruces en poleas	2	25,25
Tirones dorsal agarre inter.	2	25,25

Día 2

Exercise	Sets	Reps
Curls inclinad. c/ mancu.	2	25,25
Curls invertidos	2	25,25
Curls de tríceps c/ manc.	2	25,25
Fondos con banca	2	25,25
Tirones de tríceps	2	25,25
Curls con barra	2	25,25

Día 3

Ejercicio	Sets	Repet.
Press de piernas	3	25,25,25
Zancadas	3	25,25,25
Press militar c/ barra	3	25,25,25
Elevaciones laterales	2	25,25
Elevación talones en pie	2	25,25

Nivel de Programa III
Entrenamiento Resistencia/Quemar Grasas

Entrenamiento Resistencia/Quemar Grasas
Split de Tres Días cuatro días a la semana-Entrenamiento Sinérgico

Semanas 1 y 2

Día 1

Ejercicio	Sets	Repet.
Press banca mancuerna	3	20,20,20
Press banca inclin. c/ barra	3	20,20,20
Kickbacks de tríceps	2	20,20
Fondos con banca	2	Fallo
Press banca agarre interior	2	20,20
Fondos	3	Fallo

Día 2

Ejercicio	Sets	Repet.
Remo en polea baja	3	20,20,20
Remo inclinado c/ barra	3	20,20,20
Curls con mancuerna	2	20,20
Curls inclinados	2	20,20
Tirones agarre exterior	3	20,20,20
Curls de martillo	3	20,20,20

Día 3

Ejercicio	Sets	Repet.
Sentadillas	3	20,20,20
Curls de piernas	2	20,20
Press militar mancuerna	3	20,20,20
Remos en pie	3	20,20,20
Zancadas	2	20,20
Elevaciones lat. inclinad.	2	20,20

Semanas 3 y 4

Día 1

Ejercicio	Sets	Repet.
Press de banca c/ barra	3	25,25,25
Press banca inclinad. manc.	3	25,25,25
Curls de tríceps	3	25,25,25
Fondos con banca	2	Fallo
Cruces en poleas	2	25,25
Fondos	3	Fallo

Día 2

Ejercicio	Sets	Repet.
Remo 1brazo c/ mancuer.	3	25,25,25
Remos en punta c/ barra	3	25,25,25
Curls de predicador	2	25,25
Curls con barra	2	25,25
dorsal agarre inter.	3	25,25,25
Curls de concentración	2	25,25

Día 3

Ejercicio	Sets	Repet.
Press de piernas	3	25,25,25
Zancadas	3	25,25,25
Press militar c/ barra	3	25,25,25
Elevaciones laterales	2	25,25
Elevación talones en pie	3	25,25,25
Elevaciones lat. c/ poleas	2	25,25

Nivel de Programa III
Entrenamiento Resistencia/Quemar Grasas
Split de Dos Días cuatro días a la semana
Entrenamiento de parte superior e inferior del cuerpo en días diferentes
Entrenamiento Antagonista

Semanas 1 y 2

Días 1 y 3

Ejercicio	Sets	Repet.
Press de banca c/ barra	3	20,20,20
Press militar mancuerna	3	20,20,20
Dominadas agarre ext.	3	20,20,20
Press de piernas	3	20,20,20

Días 2 y 4

Ejercicio	Sets	Repet.
Curls de piernas	3	20,20,20
Elevación talones en pie	3	20,20,20
Curls con mancuerna	3	20,20,20
Curls de tríceps	2	20,20

Semanas 3 y 4

Días 1 y 3

Ejercicio	Sets	Repet.
Press banca c/ mancuer.	3	25,25,25
Press militar c/ barra	3	25,25,25
Tirones dorsal agarre inter.	3	25,25,25
Press de piernas	2	25,25

Días 2 y 4

Ejercicio	Sets	Repet.
Sentadillas	3	25,25,25
Elevación talones en pie	2	25,25
Curls con barra	2	25,25
Extensiones tríceps 1 brazo	2	25,25

Nivel de Programa III
Entrenamiento Resistencia/Quemar Grasas
Entrenamiento Resistencia/Quemar Grasas
Split de Dos Días 4 días a la semana
Entrenamiento de parte superior e inferior del cuerpo en días diferentes

Semanas 1 y 2

Días 1 y 3

Ejercicio	Sets	Repet.
Press de banca c/ barra	3	20,20,20
Press militar c/ barra	3	20,20,20
Remo c/ mancu. inclinad.	3	20,20,20
Curls de martillo	2	20,20

Días 2 y 4

Ejercicio	Sets	Repet.
Sentadillas	3	20,20,20
Press de piernas	3	20,20,20
Elevación talones sentado	3	20,20,20
Zancadas	2	20,20

Semanas 3 y 4

Días 1 y 3

Ejercicio	Sets	Repet.
Press banca c/ mancuer.	3	25,25,25
Press militar mancuerna	3	25,25,25
Remo c/ barra inclinado	3	25,25,25
Curls c/ mancuerna invert.	2	25,25

Días 2 y 4

Ejercicio	Sets	Repet.
Press de piernas	3	25,25,25
Zancadas	2	25,25,25
Sentadillas	3	25,25,25
Elevación talones en pie	3	25,25

Nivel de Programa III
Entrenamiento Resistencia/Quemar Grasas

Entrenamiento Resistencia/Quemar Grasas
Split de Dos Días 4 días a la semana
Entrenamiento de parte superior e inferior del cuerpo el mismo día – Entrenamiento Sinérgico

Semanas 1 y 2

Días 1 y 3

Ejercicio	Sets	Repet.
Press de banca c/ barra	3	20,20,20
Press banca inclinad. manc.	2	20,20
Flyes en pie	3	20,20,20
Press de piernas	3	20,20,20

Días 2 y 4

Ejercicio	Sets	Repet.
Dominadas agarre exter.	2	Fallo
Curls de martillo	2	20,20
Curls de piernas	3	20,20,20
Elevación talones en pie	3	20,20,20

Semanas 3 y 4

Días 1 y 3

Ejercicio	Sets	Repet.
Press de banca	3	20,20,20
Press banca inclin. c/ barra	2	20,20
Remos en pie	3	25,25,25
Sentadillas	3	25,25,25

Días 2 y 4

Ejercicio	Sets	Repet.
Dominadas agarre inter.	2	Fallo
Curls invertidos	2	25,25
Curls de piernas	3	25,25,25
Elevación talones sentado	2	25,25,25

Nivel de Programa II
Entrenamiento Resistencia/Quemar Grasas

Todo el cuerpo cada día de entrenamiento - Descansar días alternos

Semanas 1 y 2

Día 1

Ejercicio	Sets	Repet.
Press de banca c/ barra	3	20,20,20
Remo en polea baja	3	20,20,20
Sentadillas	3	20,20,20
Press militar mancuerna	3	20,20,20
Zancadas	3	20,20,20
Elevaciones frontales	3	20,20,20
Flyes inclinados	2	20,20
Dominadas agarre ext.	2	Fallo

Día 2

Ejercicio	Sets	Repet.
Press de banca	3	20,20,20
Flyes en pie	3	20,20,20
Remo con barra inclin.	3	20,20,20
Curls de piernas	3	20,20,20
Elevación talones en pie	3	20,20,20
Cruces en poleas	2	20,20
Press militar c/ barra	2	20,20
Dominadas agarre int.	2	Fallo

Día 3

Ejercicio	Sets	Repet.
Bench	3	20,20,20
Remo en polea baja	3	20,20,20
Sentadillas	3	20,20,20
Press militar mancuerna	3	20,20,20
Zancadas	3	20,20,20
Elevaciones frontales	2	20,20
Flyes inclinados	2	20,20
Dominadas agarre ext.	2	Fallo

Semanas 3 y 4

Día 1

Ejercicio	Sets	Repet.
Press de banca c/ barra	3	25,25,25
Remo en polea baja	3	25,25,25
Sentadillas	3	25,25,25
Press militar mancuerna	3	25,25,25
Zancadas	3	25,25,25
Elevaciones frontales	3	25,25,25
Flyes inclinados	2	25,25
Dominadas agarre ext.	2	Fallo

Día 2

Ejercicio	Sets	Repet.
Press de banca	3	25,25,25
Flyes en pie	3	25,25,25
Remo con barra inclin.	3	25,25,25
Curls de piernas	3	25,25,25
Elevación talones en pie	3	25,25,25
Cruces en poleas	2	25,25
Press militar c/ barra	2	25,25
Dominadas agarre int.	2	Fallo

Día 3

Ejercicio	Sets	Repet.
Bench	3	25,25,25
Remo en polea baja	3	25,25,25
Sentadillas	3	25,25,25
Press militar mancuerna	3	25,25,25
Zancadas	3	25,25,25
Elevaciones frontales	2	25,25
Flyes inclinados	2	25,25
Dominadas agarre ext.	2	Fallo

Nivel de Programa IV
Entrenamiento Resistencia/Quemar Grasas
Split de Tres Días cuatro días a la semana-Entrenamiento Antagonista

Semanas 1 y 2

Día 1

Ejercicio	Sets	Repet.
Press de banca c/ barra	3	20
Press banca inclin. c/ barra	2	20
Remo en polea baja	3	20
Remo c/ mancu. inclinad.	2	20
Fondos	3	Fallo
Tirones dors. agarr. ext.	2	20
Flyes	2	20
Dominadas agarre ext.	2	Fallo

Día 2

Ejercicio	Sets	Repet.
Kickbacks de tríceps	2	20
Fondos con banca	2	20
Fondos con mancuernas	2	20
Curls inclinados	2	20
Curls de martillo	2	20
Press banca agarre inter.	2	20
Empujes de tríceps	2	20
Curls muñeca por detrás	2	20

Día 3

Ejercicio	Sets	Repet.
Sentadillas	3	20
Curls de piernas	2	20
Press militar mancuerna	3	20
Remos en pie	3	20
Zancadas	2	20
Elevaciones lat. inclinad.	2	20
Flyes en pie	2	20
Elevación talones en pie	3	20

Semanas 3 y 4

Día 1

Ejercicio	Sets	Repet.
Press de banca	3	25
Press banca c/ barra inclin.	2	25
Remo c/ mancu. 1 brazo	3	25
Remos en punta c/ barra	2	25
Cruces en poleas	2	25
Tirones dors. agarr. int.	2	25
Fondos	3	Fallo
Dominadas interiores	2	Fallo

Día 2

Ejercicio	Sets	Repet.
Curls c/ mancuerna incl.	2	25
Curls invertidos	2	25
Curls de tríceps c/ manc.	2	25
Fondos con banca	2	25
Tirones de tríceps	2	25
Curls con barra	2	25
Curls de muñeca invert.	2	25
Extensiones tríceps 1 brazo	2	25

Día 3

Ejercicio	Sets	Repet.
Press de piernas	3	25
Zancadas	3	25
Press militar c/ barra	3	25
Elevaciones laterales	2	25
Elevación talones en pie	3	25
Elevaciones lat. c/ polea	2	25
. hombros c/ manc.	3	25
Curls de piernas	2	25

Nivel de Programa IV
Entrenamiento Resistencia/Quemar Grasas
Split de Tres Días 4 días a la semana-Entrenamiento Sinérgico

Semanas 1 y 2

Día 1

Ejercicio	Sets	Repet.
Press de banca c/ barra	3	20,20,20
Press banca c/ mancu. inclin.	3	20,20,20
Fondos con banca	3	Fallo
Curls tríceps c/ mancuer.	3	20,20,20
Cruces en poleas	3	20,20,20
Extensiones tríceps 1 brazo	3	20,20,20
Fondos	3	Fallo
Kickbacks de bíceps	3	20,20,20

Día 2

Ejercicio	Sets	Repet.
Tirones dors. agarr. ext.	3	20,20,20
Remos en punta c/ barra	3	20,20,20
Curls con mancuerna	3	Fallo
Curls de concentración	3	20,20,20
Remo en polea baja	3	20,20,20
Remo con barra inclin.	3	20,20,20
Curls de martillo	3	20,20,20
Curls c/ mancuerna incl.	3	20,20,20

Día 3

Ejercicio	Sets	Repet.
Sentadillas con salto	3	20,20,20
Press militar c/ mancuer.	3	20,20,20
Press con impulso	3	20,20,20
Press de piernas	3	20,20,20
Elevaciones lat. inclinad.	3	20,20,20
Flyes en pie	3	20,20,20
Elevación talones en pie	3	20,20,20

Semanas 3 y 4

Día 1

Ejercicio	Sets	Repet.
Press de banca	3	25,25,25
Press banca c/ barra inclin.	3	25,25,25
Press banca agarre int.	3	25,25,25
Rompe cráneos	3	25,25,25
Flyes inclinados	3	25,25,25
Empujes de tríceps	3	25,25,25
Fondos	3	Fallo
Extensiones bíceps 1 brazo	3	25,25,25

Día 2

Ejercicio	Sets	Repet.
Dominadas c/ agarre int.	3	Fallo
Remo en polea baja	3	25,25,25
Curls c/ mancuerna incl.	3	25,25,25
Curls de concentración	3	25,25,25
Remo c/ mancuerna incl.	3	25,25,25
Curls de martillo	3	25,25,25
Curls de muñeca invert.	3	25,25,25
Tirones dors. agarr. int.	3	25,25,25

Día 3

Ejercicio	Sets	Repet.
Sentadillas con salto	3	25,25,25
Box step	3	25,25,25
Press militar c/ barra	3	25,25,25
Press con impulso	3	25,25,25
Sentadillas	3	25,25,25
Remos en pie	3	25,25,25
Elevaciones frontales	3	25,25,25
Elevación talones en pie	3	25,25,25

Nivel de Programa IV
Entrenamiento Resistencia/Quemar Grasas
Split de Dos Días 4 días a la semana
Entrenamiento de parte superior e inferior del cuerpo el mismo día
Entrenamiento Antagonista

Semanas 1 y 2

Días 1 y 3

Ejercicio	Sets	Repet.
Press de banca c/ barra	3	10,10,10
Dominadas agarre ext.	2	Fallo
Press con impulso	3	12,12,12
Curls de piernas	3	12,12,12
Elevación talones en pie	3	20,20,20
Fondos	2	Fallo

Días 2 y 4

Ejercicio	Sets	Repet.
Press de piernas	3	12,12,12
Power cleans	3	12,12,12
Fondos con banca	2	Fallo
Curls c/ mancuerna incl.	4	12,12,12,12
Curls invertidos	3	12,12,12
Kickbacks de tríceps	4	12,12,12

Semanas 3 y 4

Días 1 y 3

Ejercicio	Sets	Repet.
Press de banca	3	25,25,25
Dominadas c/ agarre int.	3	Fallo
Press con impulso	3	25,25,25
Curls de piernas	3	25,25,25
Elevación talones en pie	3	25,25,25
Fondos	3	Fallo

Días 2 y 4

Ejercicio	Sets	Repet.
Power cleans	3	25,25,25
Steps	3	25,25,25
Curls de concentración	4	25,25,25,25
Curls de tríceps	4	25,25,25,25
Fondos con banca	3	Fallo
Curls de martillo	3	25,25,25

Nivel de Programa IV
Entrenamiento Resistencia/Quemar Grasas
Split de Dos Días 4 días a la semana
Entrenamiento de parte superior e inferior del cuerpo en días diferentes

Semanas 1 y 2

Días 1 y 3

Ejercicio	Sets	Repet.
Press de banca c/ barra	3	20,20,20
Press con impulso	3	20,20,20
Dominadas agarre ext.	2	Fallo
Curls invertidos	3	20,20,20
Fondos	2	Fallo
Remo c/ mancuerna incl.	3	20,20,20

Días 2 y 4

Ejercicio	Sets	Repet.
Sentadillas con salto	3	20,20,20
Power cleans	3	20,20,20
Sentadillas	3	20,20,20
Zancadas	3	20,20,20
Steps	3	20,20,20
Elevación talones en pie	3	20,20,20

Semanas 3 y 4

Días 1 y 3

Ejercicio	Sets	Repet.
Press de banca	3	25,25,25
Press con impulso	3	25,25,25
Dominadas c/ agarre int.	3	Fallo
Curls de martillo	3	25,25,25
Cruces en poleas	3	25,25,25
Remos en punta c/ barra	3	25,25,25

Días 2 y 4

Ejercicio	Sets	Repet.
Sentadillas	3	25,25,25
Zancadas	3	25,25,25
Sentadillas con salto	3	25,25,25
s	3	25,25,25
Box step	3	25,25,25
Elevación talones en pie	3	25,25,25

Nivel de Programa IV
Entrenamiento Resistencia/Quemar Grasas
Split de Dos Días 4 días a la semana
Entrenamiento de parte superior e inferior del cuerpo el mismo día - Entrenamiento Sinérgico

Semanas 1 y 2

Días 1 y 3

Ejercicio	Sets	Repet.
Press de banca c/ barra	3	20,20,20
Press banca c/ mancu. inclin.	2	20,20,20
Flyes en pie	3	20,20,20
Press de piernas	3	20,20,20
Fondos	2	Fallo
Zancadas	2	20,20

Días 2 y 4

Ejercicio	Sets	Repet.
Dominadas agarre ext.	2	Fallo
Curls de martillo	2	20,20,20
Curls de piernas	3	20,20,20
Elevación de talón en pie	3	20,20,20
Remo sentado	3	20,20,20
Curls con mancuerna	2	20,20

Semanas 3 y 4

Días 1 y 3

Ejercicio	Sets	Repet.
Press de banca	3	25,25,25
Press banca c/ barra inclin.	2	25,25
Remos en pie	3	25,25,25
Sentadillas	3	25,25,25
Extensiones de pierna	2	25,25
Fondos con banca	3	Fallo

Días 2 y 4

Ejercicio	Sets	Repet.
Dominadas c/ agarre int.	2	Fallo
Curls invertidos	2	25,25
Curls de piernas	3	25,25,25
Elevación de talón en pie	2	25,25
Remo c/ mancu. 1 brazo	3	25,25,25
Curls c/ mancuerna incl.	2	25,25

Nivel de Programa IV
Entrenamiento Resistencia/Quemar Grasas
Split de Dos Días 4 días a la semana
Entrenamiento de parte superior e inferior del cuerpo el mismo día - Entrenamiento Antagonista

Semanas 1 y 2

Días 1 y 3

Ejercicio	Sets	Repet.
Press de banca c/ barra	3	20,20,20
Press militar c/ barra	3	20,20,20
Dominadas agarre ext.	3	20,20,20
Press de piernas	3	20,20,20
Flyes inclinados	2	20,20
Zancadas	2	20,20
Remo en sentadilla	2	20,20
Fondos	2	Fallo

Días 2 y 4

Ejercicio	Sets	Repet.
Curls de piernas	3	20,20,20
Elevación de talón en pie	3	20,20,20
Dumbbell curls	2	20,20
Curls de tríceps	2	20,20
Curls de martillo	2	20,20
Kickbacks de tríceps	2	20,20
Buenos días	2	20,20
Fondos con banca	2	20,20

Semanas 3 y 4

Días 1 y 3

Ejercicio	Sets	Repet.
Press de banca	3	25,25,25
Press militar c/ barra	3	25,25,25
Tirones c/ agarre inter.	3	25,25,25
Curls de piernas	2	25,25
Press banca c/ barra inclin.	2	25,25
Extensiones de pierna	2	25,25
Fondos	3	Fallo
Dominadas c/ agarre int.	2	Fallo

Días 2 y 4

Ejercicio	Sets	Repet.
Sentadillas	3	25,25,25
Buenos días	2	25,25
Curls con mancuerna	2	25,25
Extensión tríceps 1 brazo	2	25,25
Curls invertidos	2	25,25
Fondos con banca	3	Fallo
Elevación de talón en pie	3	25,25,25
Rompe cráneos	2	25,25

Nivel de Programa V
Entrenamiento Resistencia/Quemar Grasas
Split de Dos Días 4 días a la semana
Entrenamiento de parte superior e inferior del cuerpo en días diferentes

Semanas 1 y 2

Días 1 y 3

Ejercicio	Sets	Repet.
Press de banca c/ barra	3	20,20,20
Press militar c/ barra	3	20,20,20
Remo con barra inclin.	3	20,20,20
Curls de martillo	2	20,20
Fondos	2	Fallo
Tirones dors. agarr. ext.	2	Fallo
Cruces en poleas	2	20,20
Rompe cráneos	2	20,20

Días 2 y 4

Ejercicio	Sets	Repet.
Sentadillas	3	20,20,20
Press de piernas	3	20,20,20
Elevación de talón en pie	3	20,20,20
Zancadas	2	20,20
Extensiones de pierna	2	20,20
Curls de piernas	2	20,20
Alzada de peso muerto	2	20,20
Buenos días	2	20,20

Semanas 1 y 2

Días 1 y 3

Ejercicio	Sets	Repet.
Press de banca c/ manc.	3	25,25,25
Press de banca	3	25,25,25
Remo con barra inclinad.	3	25,25,25
Curls invertidos	2	25,25
Dominadas c/ agarre int.	3	Fallo
Curls con mancuerna	2	25,25
Flyes inclinados	2	25,25
Fondos	3	25,25,25

Días 2 y 4

Ejercicio	Sets	Repet.
Sentadillas	3	25,25,25
Extensiones de pierna	2	25,25
Curls de piernas	2	25,25
Press de piernas	3	25,25,25
Curls de piernas	2	25,25
Alzada de peso muerto	2	25,25
Zancadas	2	25,25
Elevación de talón en pie	3	25,25,25
Buenos días	2	25,25

Nivel de Programa V
Entrenamiento Resistencia/Quemar Grasas
Split de Dos Días 4 días a la semana
Entrenamiento de parte superior e inferior del cuerpo el mismo día
Entrenamiento Sinérgico

Semanas 1 y 2

Días 1 y 3

Ejercicio	Sets	Repet.
Press banca c/ barra lat.	3	20,20,20
Press banca c/ mancu. inclin.	2	20,20
Flyes en pie	3	20,20,20
Press de piernas	3	20,20,20
Fondos	3	Fallo
Zancadas	2	20,20
Fondos con banca	2	Fallo
Press militar mancuerna	2	20,20

Días 2 y 4

Ejercicio	Sets	Repet.
Dominadas c/ agarre ext.	2	Fallo
Curls de martillo	2	20,20
Curls de piernas	2	20,20
Elevación de talón en pie	3	20,20,20
Remo sentado	3	20,20,20
Curls con mancuerna	2	20,20
Buenos días	2	20,20
Tirones c/ agarre exter.	2	20,20

Semanas 3 y 4

Días 1 y 3

Ejercicio	Sets	Repet.
Press de banca	3	25,25,25
Press banca c/ barra inclin.	2	25,25
Remos en pie	3	25,25,25
Sentadillas	3	25,25,25
Extensiones de pierna	2	25,25
Fondos con banca	3	Fallo
Fondos	3	Fallo
Elevaciones frontales	2	25,25

Días 2 y 4

Ejercicio	Sets	Repet.
Dominadas c/ agarre int.	2	Fallo
Curls invertidos	2	25,25
Curls de piernas	3	25,25,25
Buenos días	2	25,25
Remo c/ mancuer. 1 brazo	3	25,25,25
Curls c/ mancuerna incl.	2	25,25
Elevación de talón en pie	3	25,25,25
Tirones c/ agarre inter.	2	25,25

ENTRENAMIENTO
Energía/ Fitness General

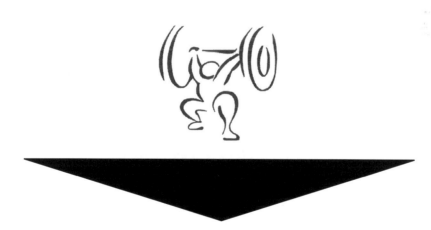

Nivel de Programa I
Entrenamiento Energía/Fitness General
Cuerpo entero todos los días de entrenamiento
Descansar días alternos

Semanas 1 y 2

Día 1

Ejercicio	Sets	Repet.
Press de banca c/ barra	3	12,12,12
Press con impulso	3	10,10,10
Dominadas agarre ext.	2	Fallo
Power cleans	3	12,12,12

Día 2

Ejercicio	Sets	Repet.
Press banca c/ mancu. inclin.	3	12,12,12
Remos en pie	3	10,10,10
Dominadas c/ agarre int.	2	Fallo
Curls de piernas	3	12,12,12

Día 3

Ejercicio	Sets	Repet.
Press banca c/ mancuer.	3	12,12,12
Press con impulso	3	10,10,10
Dominadas agarre ext.	2	Fallo
Power cleans	3	12,12,12

Semanas 3 y 4

Día 1

Ejercicio	Sets	Repet.
Press de banca c/ barra	3	12,12,12
Press con impulso	3	10,10,10
Dominadas agarre ext.	2	Fallo
Power cleans	3	12,12,12

Día 2

Ejercicio	Sets	Repet.
Press banca c/ mancu. inclin.	3	12,12,12
Remos en pie	3	10,10,10
Dominadas c/ agarre int.	2	Fallo
Curls de piernas	3	12,12,12

Día 3

Ejercicio	Sets	Repet.
Press banca c/ mancuer.	3	12,12,12
Press con impulso	3	10,10,10
Dominadas c/ agarre ext.	2	Fallo
Power cleans	3	12,12,12

Nivel de Programa II
Entrenamiento Energía/Fitness General
Cuerpo entero todos los días de entrenamiento
Descansar días alternos

Semanas 1 y 2

Día 1

Ejercicio	Sets	Repet.
Press de banca c/ barra	3	12,12,12
Press con impulso	3	10,10,10
Dominadas agarre ext.	2	Fallo
Power cleans	3	12,12,12
Sentadillas con salto	3	10,10,10
Flyes en pie	3	15,15,15

Día 2

Ejercicio	Sets	Repet.
Press banca c/ mancu. inclin.	3	12,12,12
Remos en pie	3	10,10,10
Dominadas c/ agarre int.	2	Fallo
Curls de piernas	3	12,12,12
Press militar c/ barra	3	10,10,10
Elevación de talón en pie	3	20,20,20

Día 3

Ejercicio	Sets	Repet.
Press banca c/ mancuer.	3	12,12,12
Press con impulso	3	10,10,10
Dominadas agarre ext.	2	Fallo
Power cleans	2	12,12,12
Box step	3	10,10,10
Flyes en pie	3	15,15,15

Semanas 3 y 4

Día 1

Ejercicio	Sets	Repet.
Press de banca c/ barra	3	12,12,12
Press con impulso	3	10,10,10
Dominadas agarre ext.	2	Fallo
Power cleans	3	12,12,12
Sentadillas con salto	3	10,10,10
Flyes en pie	3	15,15,15

Día 2

Ejercicio	Sets	Repet.
Press banca c/ mancu. inclin.	3	12,12,12
Remos en pie	3	10,10,10
Dominadas c/ agarre int.	2	Fallo
Curls de piernas	3	12,12,12
Press militar c/ barra	3	10,10,10
Elevación de talón en pie	3	20,20,20

Día 3

Ejercicio	Sets	Repet.
Press banca c/ mancuer.	3	12,12,12
Press con impulso	3	10,10,10
Dominadas agarre ext.	2	Fallo
Power cleans	3	12,12,12
Steps	3	10,10,10
Flyes en pie	3	15,15,15

Nivel de Programa II
Entrenamiento Energía/Fitness General
Split de Tres Días cuatro días a la semana
Entrenamiento Antagonista

Semanas 1 y 2

Día 1

Ejercicio	Sets	Repet.
Press de banca c/ barra	3	10,10,10
Press banca c/ mancu. inclin.	3	12,12,12
Dominadas agarre ext.	3	Fallo
Remos en punta c/ barra	3	10,10,10

Día 2

Ejercicio	Sets	Repet.
Fondos con banca	3	Fallo
Curls de tríceps c/ manc.	3	15,15,15
Curls con mancuerna	3	15,15,15
Curls c/ mancuerna incl.	3	15,15,15

Día 3

Ejercicio	Sets	Repet.
Sentadillas con salto	3	10,10,10
Power cleans	3	12,12,12
Press militar mancuerna	3	10,10,10
Press con impulso	3	12,12,12

Semanas 3 y 4

Día 1

Ejercicio	Sets	Repet.
Press banca c/ mancuer.	3	10,10,10
Press banca c/ barra inclin.	3	12,12,12
Dominadas c/ agarre int.	3	Fallo
Remo en polea baja	3	10,10,10

Día 2

Ejercicio	Sets	Repet.
Press banca c/ mancu. inclin.	3	12,12,12
Remos en pie	3	10,10,10
Dominadas c/ agarre int.	2	Fallo
Curls de piernas	3	12,12,12

Día 3

Ejercicio	Sets	Repet.
Sentadillas con salto	3	10,10,10
Steps	3	12,12,12
Press militar c/ barra	3	10,10,10
Press con impulso	3	12,12,12

Nivel de Programa II
Entrenamiento Energía/Fitness General
Split de Tres Días cuatro días a la semana
Entrenamiento Sinérgico

Semanas 1 y 2

Día 1

Ejercicio	Sets	Repet.
Press de banca c/ barra	3	10,10,10
Press banca c/ mancu. inclin.	3	12,12,12
Fondos con banca	3	Fallo
Curls de tríceps	3	15,15,15

Día 2

Ejercicio	Sets	Repet.
Dominadas agarre ext.	3	Fallo
Remos en punta c/ barra	3	10,10,10
Curls con mancuerna	3	15,15,15
Curls c/ mancuerna incl.	3	15,15,15

Día 3

Ejercicio	Sets	Repet.
Sentadillas con salto	3	10,10,10
Power cleans	3	12,12,12
Press militar mancuerna	3	10,10,10
Press con impulso	3	12,12,12

Semanas 3 y 4

Día 1

Ejercicio	Sets	Repet.
Press banca c/ mancuer.	3	10,10,10
Press banca c/ barra inclin.	3	12,12,12
Press banca agarre inter.	3	12,12,12
Rompe cráneos	3	15,15,15

Día 2

Ejercicio	Sets	Repet.
Dominadas c/ agarre int.	3	Fallo
Remo en polea baja	3	10,10,10
Curls c/ mancuerna incl.	3	15,15,15
Curls de concentración	3	15,15,15

Día 3

Ejercicio	Sets	Repet.
Sentadillas con salto	3	10,10,10
Steps	3	12,12,12
Press militar c/ barra	3	10,10,10
Press con impulso	3	12,12,12

Nivel de Programa III
Entrenamiento Energía/Fitness General
Split de Tres Días cuatro días a la semana
Entrenamiento Antagonista

Semanas 1 y 2

Día 1

Ejercicio	Sets	Repet.
Press de banca c/ barra	3	10,10,10
Press banca c/ mancu. inclin.	3	12,12,12
Dominadas agarre ext.	3	Fallo
Remos en punta c/ barra	3	10,10,10
Cruces en poleas	3	15,15,15
Remo c/ mancu. 1 brazo	3	12,12,12

Día 2

Ejercicio	Sets	Repet.
Fondos con banca	3	Fallo
Curls de tríceps c/ manc.	3	15,15,15
Curls con mancuerna	3	15,15,15
Curls c/ mancuerna incl.	3	15,15,15
Curls invertidos	3	15,15,15
Extensiones tríceps 1 brazo	3	15,15,15

Día 3

Ejercicio	Sets	Repet.
Sentadillas con salto	3	10,10,10
Power cleans	3	12,12,12
Press militar mancuerna	3	10,10,10
Press con impulso	3	12,12,12
Press de piernas	3	8,8,8
Elevaciones lat. inclinad.	3	15,15,15

Semanas 3 y 4

Día 1

Ejercicio	Sets	Repet.
Press banca c/ mancuer.	3	10,10,10
Press banca c/ barra inclin.	3	12,12,12
Dominadas c/ agarre int.	3	Fallo
Remo en polea baja	3	10,10,10
Flyes	3	15,15,15
Remo con barra inclin.	3	12,12,12

Día 2

Ejercicio	Sets	Repet.
Press banca agarre int.	3	15,15,15
Rompe cráneos	3	15,15,15
Curls c/ mancuerna incl.	3	15,15,15
Curls de concentración	3	15,15,15
Curls de martillo	3	15,15,15
Empujes de tríceps	3	15,15,15

Día 3

Ejercicio	Sets	Repet.
Sentadillas con salto	3	10,10,10
Steps	3	12,12,12
Press militar c/ barra	3	10,10,10
Press con impulso	3	12,12,12
Sentadillas	3	8,8,8
Remos en pie	3	12,12,12

Nivel de Programa III
Entrenamiento Energía/Fitness General
Split de Tres Días cuatro días a la semana
Entrenamiento Sinérgico

Semanas 1 y 2

Día 1

Ejercicio	Sets	Repet.
Press de banca c/ barra	3	10,10,10
Press banca c/ mancu. inclin.	3	12,12,12
Fondos con banca	3	Fallo
Curls de tríceps c/ manc.	3	15,15,15
Cruces en poleas	3	15,15,15
Extensiones tríceps 1 brazo	3	15,15,15

Día 2

Ejercicio	Sets	Repet.
Dominadas agarre ext.	3	Fallo
Remos en punta c/ barra	3	10,10,10
Curls con mancuerna	3	15,15,15
Curls c/ mancuerna incl.	3	15,15,15
Remo c/ mancu. 1 brazo	3	12,12,12
Curls invertidos	3	15,15,15

Día 3

Ejercicio	Sets	Repet.
Sentadillas con salto	3	10,10,10
Power cleans	3	12,12,12
Press militar mancuerna	3	10,10,10
Press con impulso	3	12,12,12
Press de piernas	3	8,8,8
Elevaciones lat. inclinad.	3	15,15,15

Semanas 3 y 4

Día 1

Ejercicio	Sets	Repet.
Press banca c/ mancuer.	3	10,10,10
Press banca c/ barra inclin.	3	12,12,12
Press banca agarre int.	3	12,12,12
Rompe cráneos	3	15,15,15
Flyes inclinados	3	15,15,15
Empujes de tríceps	3	15,15,15

Día 2

Ejercicio	Sets	Repet.
Dominadas c/ agarre int.	3	Fallo
Remo en polea baja	3	10,10,10
Curls c/ mancuerna incl.	3	15,15,15
Curls de concentración	3	15,15,15
Remo c/ mancuerna incl.	3	12,12,12
Curls de martillo	3	15,15,15

Día 3

Ejercicio	Sets	Repet.
Sentadillas con salto	3	10,10,10
Steps	3	12,12,12
Press militar c/ barra	3	10,10,10
Press con impulso	3	12,12,12
Sentadillas	3	8,8,8
Remos en pie	3	12,12,12

Nivel de Programa III
Entrenamiento Energía/Fitness General
Split de Dos Días 4 días a la semana
Entrenamiento parte superior e inferior del cuerpo el mismo día - Entrenamiento Antagonista

Semanas 1 y 2

Días 1 y 3

Ejercicio	Sets	Repet.
Sentadillas	5	10,8,6,4,2
Alzada de peso muerto	5	10,8,6,4,2
Curls c/ mancuerna incl.	4	12,10,8,6
Empujes de tríceps	4	12,10,8,6

Días 2 y 4

Ejercicio	Sets	Repet.
Elevaciones de talón	3	20,20,20
Power cleans	3	12,12,12
Fondos con banca	2	Fallo
Curls de martillo	4	12,12,12,12

Semanas 3 y 4

Días 1 y 3

Ejercicio	Sets	Repet.
Press banca c/ mancuer.	3	12,12,12
Dominadas c/ agarre int.	3	Fallo
Press con impulso	3	12,12,12
Curls de piernas	3	15,15,15

Días 2 y 4

Ejercicio	Sets	Repet.
Power cleans	3	10,10,10
Steps	3	12,12,12
Curls de concentración	4	15,15,15,15
Curls de tríceps	4	15,15,15,15

Nivel de Programa III
Entrenamiento Energía/Fitness General
Split de Dos Días 4 días a la semana
Entrenamiento parte superior e inferior del cuerpo días diferentes

Semanas 1 y 2

Días 1 y 3

Ejercicio	Sets	Repet.
Press de banca c/ barra	3	10,10,10
Press con impulso	3	12,12,12
Dominadas agarre ext.	2	Fallo
Curls invertidos	3	15,15,15

Días 2 y 4

Ejercicio	Sets	Repet.
Sentadillas con salto	3	10,10,10
Power cleans	3	12,12,12
Zancadas	3	10,10,10
Elevación de talón en pie	3	20,20,20

Semanas 3 y 4

Días 1 y 3

Ejercicio	Sets	Repet.
Press banca c/ mancuer.	3	10,10,10
Press con impulso	3	12,12,12
Dominadas c/ agarre int.	3	Fallo
Curls de martillo	3	15,15,15

Días 2 y 4

Ejercicio	Sets	Repet.
Zancadas	3	10,10,10
Sentadillas con salto	3	10,10,10
Power cleans	3	12,12,12
Elevación de talón en pie	3	20,20,20

Nivel de Programa III
Entrenamiento Energía/Fitness General
Split de Dos Días 4 días a la semana
Entrenamiento parte superior e inferior del cuerpo el mismo día - Entrenamiento Sinérgico

Semanas 1 y 2

Días 1 y 3

Ejercicio	Sets	Repet.
Press banca c/ mancuer.	3	10,10,10
Press con impulso	3	12,12,12
Press banca c/ mancu. inclin.	3	12,12,12,
Curls de piernas	3	12,12,12,

Días 2 y 4

Ejercicio	Sets	Repet.
Dominadas c/ agarre ext.	2	Fallo
Curls invertidos	3	12,12,12
Sentadillas	4	10,10,10
Steps	3	12,12,12

Semanas 3 y 4

Días 1 y 3

Ejercicio	Sets	Repet.
Press de banca c/ barra	3	12,12,12
Press con impulso	3	12,12,12
Press banca c/ barra inclin.	3	12,12,12
Elevación de talón en pie	3	28,20,20

Días 2 y 4

Ejercicio	Sets	Repet.
Dominadas c/ agarre int.	3	Fallo
Curls de martillo	4	12,12,12,12
Sentadillas con salto	3	10,10,10
Power cleans	3	12,12,12

Nivel de Programa III
Entrenamiento Energía/Fitness General
Cuerpo entero todos los días de entrenamiento - Descansar días alternos

Semanas 1 y 2

Día 1

Ejercicio	Sets	Repet.
Press de banca c/ barra	3	12,12,12
Press con impulso	3	10,10,10
Dominadas agarre ext.	2	Fallo
Power cleans	3	12,12,12
Sentadillas con salto	3	10,10,10
Flyes en pie	3	15,15,15
Remos en punta c/ barra	3	12,12,12
Cruces en poleas	3	10,10,10

Día 2

Ejercicio	Sets	Repet.
Press banca c/ mancu. inclin.	3	12,12,12
Remos en pie	3	10,10,10
Dominadas c/ agarre int.	2	Fallo
Curls de piernas	3	12,12,12
Press militar c/ barra	3	10,10,10
Elevación de talón en pie	3	20,20,20
Remo en polea baja	3	12,12,12
Flyes inclinados	3	10,10,10

Día 3

Ejercicio	Sets	Repet.
Press banca c/ mancuer.	3	12,12,12
Press con impulso	3	10,10,10
Dominadas agarre ext.	2	Fallo
Power cleans	3	12,12,12
Steps	3	10,10,10
Flyes en pie	3	15,15,15
Remos en punta c/ barra	3	12,12,12
Cruces en poleas	3	10,10,10

Semanas 3 y 4

Día 1

Ejercicio	Sets	Repet.
Press de banca c/ barra	3	12,12,12
Press con impulso	3	10,10,10
Dominadas agarre ext.	2	Fallo
Power cleans	3	12,12,12
Sentadillas con salto	3	10,10,10
Flyes en pie	3	15,15,15
Remos en punta c/ barra	3	12,12,12
Cruces en poleas	3	10,10,10

Día 2

Ejercicio	Sets	Repet.
Press banca c/ mancu. inclin.	3	12,12,12
Remos en pie	3	10,10,10
Dominadas c/ agarre int.	2	Fallo
Curls de piernas	3	12,12,12
Press militar c/ barra	3	10,10,10
Elevación de talón en pie	3	20,20,20
Remo en polea baja	3	12,12,12
Flyes inclinados	3	10,10,10

Día 3

Ejercicio	Sets	Repet.
Press banca c/ mancuer.	3	12,12,12
Press con impulso	3	10,10,10
Dominadas agarre ext.	2	Fallo
Power cleans	3	12,12,12
Steps	3	10,10,10
Flyes en pie	3	15,15,15
Remos en punta c/ barra	3	12,12,12
Cruces en poleas	3	10,10,10

Nivel de Programa IV
Entrenamiento Energía/Fitness General
Split de Tres Días cuatro días a la semana - Entrenamiento Antagonista

Semanas 1 y 2

Día 1

Ejercicio	Sets	Repet.
Press de banca c/ barra	3	10,10,10
Press banca c/ mancu. inclin.	3	12,12,12
Dominadas agarre ext.	3	Fallo
Remos en punta c/ barra	3	10,10,10
Cruces en poleas	3	15,15,15
Remo c/ mancu. 1 brazo	3	12,12,12
Fondos	3	Fallo
Tirones tras nuca	3	12,12,12

Día 2

Ejercicio	Sets	Repet.
Fondos con banca	3	Fallo
Curls de tríceps c/ manc.	3	15,15,15
Curls con mancuerna	3	15,15,15
Curls c/ mancuerna incl.	3	15,15,15
Curls invertidos	3	15,15,15
Extensiones tríceps 1 brazo	3	15,15,15
Curl de muñeca traseros	3	15,15,15
Kickbacks de tríceps	3	15,15,15

Día 3

Ejercicio	Sets	Repet.
Sentadillas con salto	3	10,10,10
Power cleans	3	12,12,12
Press militar mancuerna	3	10,10,10
Press con impulso	3	12,12,12
Press de piernas	3	8,8,8
Elevaciones lat. inclinad.	3	15,15,15
Flyes en pie	3	12,12,12
Elevación de talón en pie	3	20,20,20

Semanas 3 y 4

Día 1

Ejercicio	Sets	Repet.
Sentadillas con salto	3	10,10,10
Power cleans	3	12,12,12
Press militar mancuerna	3	10,10,10
Press con impulso	3	12,12,12
Press de piernas	3	8,8,8
Elevaciones lat. inclinad.	3	15,15,15
Flyes en pie	3	12,12,12
	3	20,20,20

Día 2

Ejercicio	Sets	Repet.
Press banca agarre int.	3	15,15,15
Rompe cráneos	3	15,15,15
Curls c/ mancuerna incl.	3	15,15,15
Curls de concentración	3	15,15,15
Curls de martillo	3	15,15,15
Empujes de tríceps	3	15,15,15
Curls de muñeca invert.	3	15,15,15
Curls de tríceps c/ manc.	3	15,15,15

Día 3

Ejercicio	Sets	Repet.
Sentadillas con salto	3	10,10,10
Steps	3	12,12,12
Press militar c/ barra	3	10,10,10
Press con impulso	3	12,12,12
Sentadillas	3	8,8,8
Remos en pie	3	12,12,12
Elevaciones frontales	3	15,15,15
Elevación talón sentado	3	20,20,20

Nivel de Programa IV
Entrenamiento Energía/Fitness General
Split de Tres Días cuatro días a la semana - Entrenamiento Sinérgico

Semanas 1 y 2

Día 1

Ejercicio	Sets	Repet.
Press de banca c/ barra	3	10,10,10
Press banca c/ mancu. inclin.	3	12,12,12
Fondos con banca	3	Fallo
Curls tríceps c/ mancuer.	3	15,15,15
Cruces en poleas	3	15,15,15
Extensiones tríceps 1 brazo	3	Fallo
Fondos	3	Fallo
Kickbacks de tríceps	3	15,15,15

Día 2

Ejercicio	Sets	Repet.
Tirones dors. agarr. ext.	3	10,10,10
Remos en punta c/ barra	3	12,12,12
Curls con mancuerna	3	Fallo
Curls de concentración	3	15,15,15
Remo en polea baja	3	15,15,15
Remo con barra inclin.	3	15,15,15
Curls de martillo	3	12,12,12
Curls c/ mancuerna incl.	3	15,15,15

Día 3

Ejercicio	Sets	Repet.
Sentadillas con salto	3	10,10,10
Power cleans	3	12,12,12
Press militar mancuerna	3	10,10,10
Press con impulso	3	12,12,12
Press de piernas	3	8,8,8
Elevaciones lat. inclinad.	3	15,15,15
Flyes en pie	3	12,12,12
Elevación de talón en pie	3	20,20,20

Semanas 3 y 4

Día 1

Ejercicio	Sets	Repet.
Press banca c/ mancuer.	3	10,10,10
Press banca c/ barra inclin.	3	12,12,12
Press banca agarre int.	3	12,12,12
Rompe cráneos	3	15,15,15
Flyes inclinados	3	15,15,15
Empujes de tríceps	3	15,15,15
Fondos	3	Fallo
Extensiones tríceps 1 brazo	3	15,15,15

Día 2

Ejercicio	Sets	Repet.
Dominadas c/ agarre int.	3	Fallo
Remo en polea baja	3	10,10,10
Curls c/ mancuerna incl.	3	15,15,15
Curls de concentración	3	15,15,15
Remo c/ mancuerna incl.	3	12,12,12
Curls de martillo	3	15,15,15
Curls de muñeca invert.	3	15,15,15
Tirones dors. agarr. int.	9	12,12,12

Día 3

Ejercicio	Sets	Repet.
Sentadillas con salto	3	10,10,10
Steps	3	12,12,12
Press militar c/ barra	3	10,10,10
Press con impulso	3	12,12,12
Sentadillas	3	8,8,8
Remos en pie	3	12,12,12
Elevaciones frontales	3	15,15,15
Elevación de talón en pie	3	20,20,20

Nivel de Programa IV
Entrenamiento Energía/Fitness General
Split de Dos Días 4 días a la semana
Entrenamiento parte superior e inferior del cuerpo el mismo día - Entrenamiento Antagonista

Semanas 1 y 2

Días 1 y 3

Ejercicio	Sets	Repet.
Press de banca c/ barra	3	10,10,10
Dominadas agarre ext.	2	Fallo
Press con impulso	3	12,12,12
Curls de piernas	3	12,12,12
Elevación de talón en pie	3	20,20,20
Fondos	2	Fallo

Días 2 y 4

Ejercicio	Sets	Repet.
Press de piernas	3	12,12,12
Power cleans	3	12,12,12
Fondos con banca	2	Fallo
Curl c/ mancuerna inclin.	4	12,12,12,12
Curls invertidos	3	12,12,12
Kickbacks de tríceps	4	12,12,12

Semanas 3 y 4

Días 1 y 3

Ejercicio	Sets	Repet.
Press de banca c/ manc.	3	12,12,12
Dominadas c/ agarre int.	3	Fallo
Press con impulso	3	12,12,12
Curls de piernas	3	15,15,15
Standing call raises	3	20,20,20
Fondos con banca	3	Fallo

Días 2 y 4

Ejercicio	Sets	Repet.
Power cleans	3	10,10,10
Steps	3	12,12,12
Curls de concentración	4	15,15,15,15
Triceps curls	4	15,15,15,15
Fondos con banca	3	Fallo
Curls de martillo	3	12,12,12

Nivel de Programa IV
Entrenamiento Energía/Fitness General
Split de Dos Días 4 días a la semana
Entrenamiento parte superior e inferior del cuerpo días diferentes

Semanas 1 y 2

Días 1 y 3

Ejercicio	Sets	Repet.
Press de banca c/ barra	3	10,10,10
Press con impulso	3	12,12,12
Dominadas agarre ext.	2	Fallo
Curls invertidos	3	15,15,15
Fondos	2	Fallo
Remo c/ mancuerna incl.	3	12,12,12

Días 2 y 4

Ejercicio	Sets	Repet.
Sentadillas con salto	3	10,10,10
Power cleans	3	12,12,12
Sentadillas	3	8,8,8
Zancadas	3	10,10,10
Steps	3	12,12,12
Elevación de talón en pie	3	20,20,20

Semanas 3 y 4

Días 1 y 3

Ejercicio	Sets	Repet.
Press banca c/ mancuer.	3	10,10,10
Press con impulso	3	12,12,12
Dominadas c/ agarre int.	3	Fallo
Curls de martillo	3	15,15,15
Cruces en poleas	3	10,10,10
Remo con barra T	3	12,12,12

Días 2 y 4

Ejercicio	Sets	Repet.
Sentadillas	3	0,0,0
Zancadas	3	10,10,10
Sentadillas con salto	3	10,10,10
Power cleans	3	12,12,12
Box steps	3	12,12,12
Elevación de talón en pie	3	20,20,20

Nivel de Programa IV
Entrenamiento Energía/Fitness General
Split de Dos Días 4 días a la semana
Entrenamiento parte superior e inferior del cuerpo el mismo día - Entrenamiento Sinérgico

Semanas 1 y 2

Días 1 y 3

Ejercicio	Sets	Repet.
Press banca c/ mancuer.	3	10,10,10
Press con impulso	3	12,12,12
Press banca c/ mancu. inclin.	3	12,12,12
Curls de piernas	3	12,12,12
Fondos	2	Fallo
Elevación de talón en pie	3	20,20,20

Días 2 y 4

Ejercicio	Sets	Repet.
Dominadas c/ agarre ext.	2	Fallo
Curls invertidos	3	12,12,12
Sentadillas	4	10,10,10,10
Steps	3	12,12,12
Remos en punta c/ barra	3	12,12,12
Power cleans	3	10,10,10

Semanas 3 y 4

Días 1 y 3

Ejercicio	Sets	Repet.
Press de banca c/ barra	3	12,12,12
Press con impulso	3	12,12,12
Press banca c/ barra incl.	3	12,12,12
Elevación de talón en pie	3	20,20,20
Curls de piernas	4	10,10,10,10
Fondos con banca	3	Fallo

Días 2 y 4

Ejercicio	Sets	Repet.
Dominadas c/ agarre int.	3	Fallo
Curls de martillo	4	12,12,12,12
Sentadillas con salto	3	10,10,10
Power cleans	3	12,12,12
Steps	3	12,12,12
Remo c/ mancu. 1 brazo	3	12,12,12

Nivel de Programa V
Entrenamiento Energía/Fitness General
Split de Dos Días 4 días a la semana
Entrenamiento parte superior e inferior del cuerpo el mismo día - Entrenamiento Antagonista

Semanas 1 y 2

Días 1 y 3

Ejercicio	Sets	Repet.
Press de banca c/ barra	3	10,10,10
Dominadas agarre ext.	2	Fallo
Press con impulso	3	12,12,12
Curls de piernas	3	12,12,12
Elevación de talón en pie	3	20,20,20
Fondos	2	Fallo
Remo mancuerna 1 brazo	3	12,12,12
Press militar c/ barra	3	10,10,10

Días 2 y 4

Ejercicio	Sets	Repet.
Press de piernas	3	12,12,12
Power cleans	3	12,12,12
Fondos con banca	2	Fallo
Curls c/ mancuerna incl.	4	12,12,12,12
Curls invertidos	3	12,12,12
Kickbacks de tríceps	4	15,15,15
Press banca agarre int.	3	10,10,10

Semanas 3 y 4

Días 1 y 3

Ejercicio	Sets	Repet.
Press banca c/ mancuer.	3	12,12,12
Dominadas c/ agarre int.	3	Fallo
Press con impulso	3	12,12,12
Curls de piernas	3	15,15,15
Standing call raises	3	20,20,20
Fondos	3	Fallo
Cruces en poleas	3	10,10,10
Elevaciones lat. inclinad.	3	15,15,15

Días 2 y 4

Ejercicio	Sets	Repet.
Power cleans	3	10,10,10
Steps	3	12,12,12
Curls de concentración	4	15,15,15,15
Curls de tríceps	4	15,15,15,15
Fondos con banca	3	Fallo
Curls de martillo	3	12,12,12
Sentadillas con salto	3	12,12,12
Extensiones tríceps 1 brazo	3	12,12,12

Nivel de Programa V
Entrenamiento Energía/Fitness General
Split de Dos Días 4 días a la semana
Entrenamiento parte superior e inferior del cuerpo días diferentes

Semanas 1 y 2

Días 1 y 3

Ejercicio	Sets	Repet.
Press de banca c/ barra	3	10,10,10
Press con impulso	3	12,12,12
Dominadas c/ agarre ext.	2	Fallo
Curls invertidos	3	15,15,15
Fondos	2	Fallo
Remo c/ mancuerna incl.	3	12,12,12
Flyes inclinados	3	12,12,12
Empujes de tríceps	3	15,15,15

Días 2 y 4

Ejercicio	Sets	Repet.
Sentadillas con salto	3	10,10,10
Power cleans	3	12,12,12
Sentadillas	3	8,8,8
Zancadas	3	10,10,10
Steps	3	12,12,12
Curls de piernas	3	12,12,12
Extensiones de pierna	3	12,12,12
Elevación de talón en pie	3	20,20,20

Semanas 3 y 4

Días 1 y 3

Ejercicio	Sets	Repet.
Press banca c/ mancuer.	3	10,10,10
Press con impulso	3	12,12,12
Dominadas c/ agarre int.	3	Fallo
Curls de martillo	3	15,15,15
Cruces en poleas	3	10,10,10
Remos en punta c/ barra	3	12,12,12
Press de banca inclin.	3	12,12,12
Fondos con banca	3	15,15,15

Días 2 y 4

Ejercicio	Sets	Repet.
Sentadillas	3	8,8,8
Steps	3	12,12,12
Power cleans	3	12,12,12
Sentadillas con salto	3	10,10,10
Zancadas	3	10,10,10
Curls de piernas	3	12,12,12
Extensiones de pierna	3	12,12,12
Elevación de talón en pie	3	20,20,20

Nivel de Programa V
Entrenamiento Energía/Fitness General
Split de Dos Días 4 días a la semana
Entrenamiento parte superior e inferior del cuerpo el mismo día

Semanas 1 y 2

Días 1 y 3

Ejercicio	Sets	Repet.
Press banca c/ mancuer.	3	10,10,10
Press con impulso	3	12,12,12
Press banca c/ mancu. inclin.	3	12,12,12
Curls de piernas	3	12,12,12
Fondos	2	Fallo
Elevación de talón en pie	3	20,20,20
Fondos con banca	2	Fallo
Elevaciones lat. inclinad.	3	15,15,15

Días 2 y 4

Ejercicio	Sets	Repet.
Press banca c/ mancuer.	3	10,10,10
Press con impulso	3	12,12,12
Press banca c/ mancu. inclin.	3	12,12,12
Curls de piernas	3	12,12,12
Fondos	2	Fallo
Elevación de talón en pie	3	20,20,20
Tirones tras nuca	3	12,12,12
Curls de concentración	4	15,15,15,15

Semanas 3 y 4

Días 1 y 3

Ejercicio	Sets	Repet.
Press de banca c/ barra	3	12,12,12
Puch press	3	12,12,12
Press banca c/ barra inclin.	3	12,12,12
Elevación de talón en pie	3	20,20,20
Curls de piernas	4	10,10,10,10
Fondos con banca	3	Fallo
Fondos	3	Fallo
Remos en pie	3	12,12,12

Días 2 y 4

Ejercicio	Sets	Repet.
Dominadas c/ agarre int.	3	Fallo
Curls de martillo	4	12,12,12,12
Sentadillas con salto	3	10,10,10
Power cleans	3	12,12,12
Steps	3	12,12,12
Remo c/ mancu. 1 brazo	3	12,12,12
Remos en punta c/ barra	3	10,10,10
Curls con mancuernas	3	12,12,12

Entrenamiento FUERZA

Nivel de Programa I
Entrenamiento Fuerza
Cuerpo entero todos los días de entrenamiento
Descansar días alternos

Semanas 1 y 2

Día 1

Ejercicio	Sets	Repet.
Press de banca c/ barra	5	8,6,4,2,1
Press militar c/ barra	5	8,6,4,2,1
Tirones dors. agarr. ext.	4	8,8,8,8
Sentadillas	5	10,8,6,4,2

Día 2

Ejercicio	Sets	Repet.
Press banca c/ barra inclin.	5	8,6,4,2,1
Press militar c/ barra	5	8,6,4,2,1
Tirones dors. agarr. int.	4	8,8,8,8
Press de piernas	5	10,8,6,4,2

Día 3

Ejercicio	Sets	Repet.
Press de banca c/ barra	5	8,6,4,2,1
Press militar c/ barra	5	8,6,4,2,1
Tirones dors. agarr. ext.	4	8,8,8,8
Sentadillas	5	10,8,6,4,2

Semanas 3 y 4

Día 1

Ejercicio	Sets	Repet.
Press de banca c/ barra	5	8,6,4,2,1
Press militar c/ barra	5	8,6,4,2,1
Remo en polea baja	4	8,8,8,8
Press de piernas	5	10,8,6,4,2

Día 2

Ejercicio	Sets	Repet.
Press banca c/ barra inclin.	5	8,6,4,2,1
Press militar c/ barra	5	8,6,4,2,1
Remo en polea baja	4	8,8,8,8
Sentadillas	5	10,8,6,4,2

Día 3

Ejercicio	Sets	Repet.
Press de banca c/ barra	5	8,6,4,2,1
Press militar c/ barra	5	Termover
Remos con mancuerna	4	8,8,8,8
Press de piernas	5	10,8,6,4,2

Nivel de Programa II
Entrenamiento Fuerza
Split de Tres Días cuatro días a la semana
Entrenamiento Antagonista

Semanas 1 y 2

Día 1

Ejercicio	Sets	Repet.
Press de banca c/ barra	5	8,6,4,2,1
Press banca c/ barra inclin.	5	8,6,4,2,1
Tirones dors. agarr. ext.	4	8,8,8,8
Remo en polea baja	4	8,8,8,8

Día 2

Ejercicio	Sets	Repet.
Sentadillas	5	10,8,6,4,2
Press de piernas	5	10,8,6,4,2
Press militar c/ barra	5	8,6,4,2,1
Remos en pie	4	8,8,6,6

Día 3

Ejercicio	Sets	Repet.
Curls de tríceps c/ manc.	5	12,10,8,6,2
Press de banca c/ barra inter.	5	12,10,8,6,2
Curls de martillo	4	12,10,8,6
Curls c/ mancuerna incl.	4	12,10,8,6

Semanas 3 y 4

Día 1

Ejercicio	Sets	Repet.
Press de banca c/ barra	5	8,6,4,2,1
Press banca c/ barra inclin.	5	8,6,4,2,1
Tirones dors. agarr. int.	4	8,8,8,8
Remo con barra T	4	8,8,8,8

Día 2

Ejercicio	Sets	Repet.
Sentadillas	5	10,8,6,4,2
Alzada de peso muerto	5	10,8,6,4,2
Press militar c/ barra	5	8,6,4,2,1
Flyes en pie	4	8,8,6,6

Día 3

Ejercicio	Sets	Repet.
Curls de tríceps c/ manc.	5	12,10,8,6,2
Empujes de tríceps	5	12,10,8,6,2
Curls c/ mancu. invert.	4	12,10,8,6
Curls con mancuerna	4	12,10,8,6

Nivel de Programa II
Entrenamiento Fuerza
Split de Tres Días cuatro días a la semana
Entrenamiento Sinérgico

Semanas 1 y 2

Día 1

Ejercicio	Sets	Repet.
Press de banca c/ barra	5	8,6,4,2,1
Press banca c/ barra inclin.	5	8,6,4,2,1
Press de banca c/ barra inter.	5	8,6,4,2,1
Empujes de tríceps	4	12,10,8,6

Día 2

Ejercicio	Sets	Repet.
Tirones dors. agarr. ext.	4	8,8,8,8
Curls de martillo	4	12,10,8,6
Curls con mancuerna	4	12,10,8,6
Remo con barra inclin.	4	8,8,8,8

Día 3

Ejercicio	Sets	Repet.
Sentadillas	5	10,8,6,4,2
Leg press	5	10,8,6,4,2
Press militar c/ barra	5	8,6,4,2,1
Remos en pie	4	8,8,6,6

Semanas 3 y 4

Día 1

Ejercicio	Sets	Repet.
Press banca c/ barra inclin.	5	8,6,4,2,1
Curls de tríceps c/ manc.	4	12,10,8,6
Flyes	4	8,8,6,6
Rompe cráneos	4	12,10,8,6

Día 2

Ejercicio	Sets	Repet.
Tirones dors. agarre int.	4	8,8,8,8
Curls c/ mancu. invert.	4	12,10,8,6
Remos en punta c/ barra	4	8,8,8,8
Curls de concentración	4	12,10,8,6

Día 3

Ejercicio	Sets	Repet.
Sentadillas	5	10,8,6,4,2
Press militar c/ barra	5	8,6,4,2,1
Flyes en pie	4	8,8,8,8
Alzada de peso muerto	5	10,8,6,4,2

Nivel de Programa II
Entrenamiento Fuerza
Cuerpo entero todos los días de entrenamiento
Descansar días alternos

Semanas 1 y 2

Día 1

Ejercicio	Sets	Repet.
Press de banca c/ barra	5	8,6,4,2,1
Press militar c/ barra	5	8,6,4,2,1
Tirones dors. agarr. ext.	4	8,8,8,8
Sentadillas	5	10,8,6,4,2
Press banca c/ barra inclin.	4	8,6,4,2
Zancadas	4	10,8,8,6

Día 2

Ejercicio	Sets	Repet.
Press banca c/ barra inclin.	5	8,6,4,2,1
Press militar c/ barra	5	8,6,4,2,1
Tirones dors. agarre int.	4	8,8,8,8
Press de piernas	5	10,8,6,4,2
Press de banca c/ barra	4	8,6,4,2
Alzada de peso muerto	5	10,8,6,4,2

Día 3

Ejercicio	Sets	Repet.
Press de banca c/ barra	5	8,6,4,2,1
Press militar c/ barra	5	8,6,4,2,1
Tirones dors. agarr. ext.	4	8,8,8,8
Sentadillas	5	10,8,6,4,2
Press banca c/ barra inclin.	4	8,6,4,2
Zancadas	4	10,8,8,6

Semanas 3 y 4

Día 1

Ejercicio	Sets	Repet.
Press de banca c/ barra	5	8,6,4,2,1
Press militar c/ barra	5	8,6,4,2,1
Remos en punta c/ barra	4	8,8,8,8
Press de piernas	5	10,8,6,4,2
Press banca c/ barra inclin.	4	8,6,4,2
Alzada de peso muerto	5	10,8,6,4,2

Día 2

Ejercicio	Sets	Repet.
Press banca c/ barra inclin.	5	8,6,4,2,1
Press militar c/ barra	5	8,6,4,2,1
Remo en polea baja	4	8,8,8,8
Sentadillas	5	10,8,6,4,2
Flyes inclinados	4	8,6,4,2
Zancadas	5	10,8,6,4,2

Día 3

Ejercicio	Sets	Repet.
Press de banca c/ barra	5	8,6,4,2,1
Press militar c/ barra	5	8,6,4,2,1
Remos en punta c/ barra	4	8,8,8,8
Press de piernas	5	10,8,6,4,2
Press banca c/ barra inclin.	4	8,6,4,2
Alzada de peso muerto	5	10,8,6,4,2

Nivel de Programa III
Entrenamiento Fuerza
Split de Tres Días cuatro días a la semana - Entrenamiento Antagonista

Semanas 1 y 2

Día 1

Ejercicio	Sets	Repet.
Press de banca c/ barra	5	8,6,4,2,1
Press banca c/ barra inclin.	5	8,6,4,2,1
Tirones laterales ext.	4	8,8,8,8
Remo en polea baja	4	8,8,8,8
Cruces en poleas	4	8,8,6,6
Remo con barra inclin.	4	8,8,8,8

Día 2

Ejercicio	Sets	Repet.
Sentadillas	5	10,8,6,4,2
Press de piernas	5	10,8,6,4,2
Press militar c/ barra	5	8,8,6,4,2
Remos en pie	4	8,8,6,6
Zancadas	4	10,8,8,6
Encog. hombros c/ manc.	4	10,8,8,6

Día 3

Ejercicio	Sets	Repet.
Curls de tríceps c/ manc.	5	12,10,8,6,2
Press de banca c/ barra	5	12,10,8,6,2
Curls de martillo	4	12,10,8,6
Curls c/ mancuerna incl.	4	12,10,8,6,2
Fondo con banca	5	12,10,8,6,2
Curls con mancuerna	4	12,10,8,6

Semanas 3 y 4

Día 1

Ejercicio	Sets	Repet.
Press de banca c/ barra	5	8,6,4,2,1
Press banca c/ barra inclin.	5	8,6,4,2,1
Tirones dors. agarre int.	4	8,8,8,8
Remos en punta c/ barra	4	8,8,8,8
Flyes	4	10,8,8,6
Tirones tras nuca	4	8,8,8,8

Día 2

Ejercicio	Sets	Repet.
Sentadillas	5	10,8,6,4,2
Alzada de peso muerto	5	10,8,6,4,2
Press militar c/ barra	5	8,6,4,2,1
Flyes en pie	4	8,8,6,6
Zancadas	4	10,8,8,6
Encog. hombros c/ manc.	4	10,8,8,6

Día 3

Ejercicio	Sets	Repet.
Curls de tríceps c/ manc.	5	12,10,8,6,2
Empujes de tríceps	5	12,10,8,6,2
Curls c/ mancu. invert.	4	12,10,8,6
Curls con mancuerna	4	12,10,8,6
Fondos	5	12,10,8,6,2
Curls c/ mancuerna incl.	4	12,10,8,6

Nivel de Programa III
Entrenamiento Fuerza
Split de Tres Días cuatro días a la semana - Entrenamiento Sinérgico

Semanas 1 y 2

Día 1

Ejercicio	Sets	Repet.
Press de banca c/ barra	5	8,6,4,2,1
Press banca c/ barra inclin.	5	8,6,4,2,1
Press banca c/ barra agarr. int.	5	8,6,4,2,1
Empujes de tríceps	4	12,10,8,6
Flyes	4	10,8,8,6
Rompe cráneos	5	12,10,8,6,2

Día 2

Ejercicio	Sets	Repet.
Tirones dors. agarr. ext.	4	8,8,8,8
Curls de martillo	4	12,10,8,6
Curls c/ mancuerna incl.	4	12,10,8,6
Remo con barra inclin.	4	8,8,8,8
Remo en polea baja	4	8,8,8,8
Curls con mancuerna	4	12,10,8,6

Día 3

Ejercicio	Sets	Repet.
Sentadillas	5	10,8,6,4,2
Press de piernas	5	10,8,6,4,2
Press militar c/ barra	5	8,6,4,2,1
Remos en pie	4	8,8,6,6
Zancadas	4	10,8,8,6
Flyes en pie	4	8,8,6,6

Semanas 3 y 4

Día 1

Ejercicio	Sets	Repet.
Press de banca c/ barra	5	8,6,4,2,1
Press banca c/ barra inclin.	5	8,6,4,2,1
Kickbacks de tríceps	5	8,6,4,2,1
Tirones de tríceps	4	12,10,8,6
Flyes inclinados	4	10,8,8,6
Curls de tríceps c/ manc.	5	12,10,8,6,2

Día 2

Ejercicio	Sets	Repet.
Tirones dors. agarre int.	4	8,8,8,8
Curls c/ mancu. invert.	4	12,10,8,6
Curls c/ mancuerna incl.	4	12,10,8,6
Tirones tras nuca	4	8,8,8,8
Remos en punta c/ barra	4	8,8,8,8
Curls de concentración	4	12,10,8,6

Día 3

Ejercicio	Sets	Repet.
Sentadillas	5	10,8,6,4,2
Alzada de peso muerto	5	10,8,6,4,2
Press militar c/ barra	5	8,6,4,2,1
Lateral raises	4	8,8,8,8
Curls de piernas	4	10,8,8,6
Remos en pie	4	8,8,6,6

Nivel de Programa III
Entrenamiento Fuerza

Split de Dos Días 4 días a la semana
Entrenamiento parte superior e inferior del cuerpo el mismo día - Entrenamiento Antagonista

Semanas 1 y 2

Días 1 y 3

Ejercicio	Sets	Repet.
Press de banca c/ barra	5	8,6,4,2,1
Tirones dors. agarr. ext.	4	8,8,8,8
Press militar c/ barra	5	8,6,4,2,1
Curls de piernas	5	10,8,6,4,2

Días 2 y 4

Ejercicio	Sets	Repet.
Sentadillas	5	10,8,6,4,2
Press de piernas	5	10,8,6,4,2
Curls con mancuerna	4	12,10,8,6
Rompe cráneos	5	12,10,8,6,2

Semanas 3 y 4

Días 1 y 3

Ejercicio	Sets	Repet.
Press de banca c/ barra	5	8,6,4,2,1
Tirones dors. agarre int.	4	8,8,8,8
Press militar c/ barra	5	8,6,4,2,1
Curls de piernas	5	10,8,6,4,2

Días 2 y 4

Ejercicio	Sets	Repet.
Sentadillas	5	10,8,6,4,2
Alzada de peso muerto	5	10,8,6,4,2
Curls c/ mancuerna incl.	4	12,10,8,6
Tirones de tríceps	4	12,10,8,6

Nivel de Programa III
Entrenamiento Fuerza

Split de Dos Días 4 días a la semana
Entrenamiento parte superior e inferior del cuerpo en días diferentes

Semanas 1 y 2

Días 1 y 3

Ejercicio	Sets	Repet.
Press de banca c/ barra	5	8,6,4,2,1
Tirones dors. agarr. ext.	4	8,8,8,8
Press militar c/ barra	5	8,6,4,2,1
Curls de martillo	4	12,10,8,6

Días 2 y 4

Ejercicio	Sets	Repet.
Sentadillas	5	10,8,6,4,2
Press de piernas	5	10,8,6,4,2
Zancadas	5	10,8,6,4,2
Elevación de talón en pie	5	20,20,20,20

Semanas 3 y 4

Días 1 y 3

Ejercicio	Sets	Repet.
Press de banca c/ barra	5	8,6,4,2,1
Tirones dors. agarr. int.	4	8,8,8,8
Press militar c/ barra	5	8,6,4,2,1
Curls invertidos	5	12,10,8,6

Días 2 y 4

Ejercicio	Sets	Repet.
Press de piernas	5	10,8,6,4,2
Extensiones de pierna	5	10,8,6,4,2
Sentadillas	5	10,8,6,4,2
Elevación de talón en pie	4	20,20,20,20

Nivel de Programa III
Entrenamiento Fuerza
Split de Dos Días 4 días a la semana
Entrenamiento parte superior e inferior del cuerpo el mismo día - Entrenamiento Sinérgico

Semanas 1 y 2

Días 1 and 3

Ejercicio	Sets	Repet.
Press de banca c/ barra	5	8,6,4,2,1
Remos en pie	5	8,6,4,2,1
Press banca c/ barra inclin.	5	8,6,4,2,1
Curls de piernas	5	10,8,6,4,2

Días 2 and 4

Ejercicio	Sets	Repet.
Tirones dors. agarr. ext.	4	8,8,8,8
Curls de martillo	4	12,10,8,6
Sentadillas	5	10,8,6,4,2
Extensiones de pierna	4	8,8,6,6

Semanas 3 y 4

Días 1 and 3

Ejercicio	Sets	Repet.
Press de banca c/ barra	5	8,6,4,2,1
Remos en pie	5	8,6,4,2,1
Press banca c/ barra inclin.	5	8,6,4,2,1
Curls de piernas	5	10,8,6,4,2

Días 2 and 4

Ejercicio	Sets	Repet.
Tirones dors. agarre int.	4	8,8,8,8
Curls invertidos	4	12,10,8,6
Press de piernas	5	10,8,6,4,2
Extensiones de pierna	4	8,8,6,6

Nivel de Programa III
Entrenamiento Fuerza
Cuerpo entero todos los días de entrenamiento - Descansar días alternos

Semanas 1 y 2

Día 1

Ejercicio	Sets	Repet.
Press de banca c/ barra	5	8,6,4,2,1
Press militar c/ barra	5	8,6,4,2,1
Tirones dors. agarr. ext.	4	10,8,6,8
Sentadillas	5	10,8,6,4,2
Press banca c/ barra inclin.	4	8,6,4,2
Zancadas	4	10,8,8,6
Remo con barra inclin.	4	8,8,8,8
Flyes inclinados	4	8,8,6,6

Día 2

Ejercicio	Sets	Repet.
Press banca c/ barra inclin.	5	8,6,4,2,1
Press militar c/ barra	5	8,6,4,2,1
Tirones dors. agarre int.	4	8,8,6,8
Press de piernas	5	10,8,6,4,2
Press de banca c/ barra	4	8,6,4,2
Alzada de peso muerto	5	10,8,6,4,2
Remo en polea baja	4	8,8,8,8
Flyes	4	8,8,6,6

Día 3

Ejercicio	Sets	Repet.
Press de banca c/ barra	5	8,6,4,2,1
Press militar c/ barra	5	8,6,4,2,1
Tirones dors. agarr. ext.	4	10,8,6,8
Sentadillas	5	10,8,6,4,2
Press banca c/ barra inclin.	4	8,6,4,2
Zancadas	4	10,8,8,6
Remo con barra inclin.	4	8,8,8,8
Flyes inclinados	4	8,8,6,6

Semanas 3 y 4

Día 1

Ejercicio	Sets	Repet.
Press de banca c/ barra	5	8,6,4,2,1
Press militar c/ barra	5	8,6,4,2,1
Remos en punta c/ barra	4	8,8,8,8
Press de piernas	5	10,8,6,4,2
Press de banca c/ barra	4	8,6,4,2
Alzada de peso muerto	5	10,8,6,4,2
Tirones dors. agarr. ext.	4	8,8,8,8
Cruces en poleas	4	8,8,6,6

Día 2

Ejercicio	Sets	Repet.
Press banca c/ barra inclin.	5	8,6,4,2,1
Press militar c/ barra	5	8,6,4,2,1
Remo en polea baja	4	8,8,8,8
Sentadillas	5	10,8,6,4,2
Flyes inclinados	4	8,6,4,2
Zancadas	5	10,8,6,4,2
Tirones dors. agarr. int.	4	8,8,8,8
Press de banca c/ barra	4	8,8,6,6

Día 3

Ejercicio	Sets	Repet.
Press de banca c/ barra	5	8,6,4,2,1
Press militar c/ barra	5	8,6,4,2,1
Remo con barra inclin.	4	8,8,8,8
Press de piernas	5	10,8,6,4,2
Press banca c/ barra inclin.	4	8,6,4,2
Alzada de peso muerto	5	10,8,6,4,2
Tirones dors. agarr. ext.	4	8,8,8,8
Cruces en poleas	4	8,8,6,6

Nivel de Programa IV
Entrenamiento Fuerza
Split de Tres Días cuatro días a la semana - Entrenamiento Antagonista

Semanas 1 y 2

Día 1

Ejercicio	Sets	Repet.
Press de banca c/ barra	5	8,6,4,2,1
Press banca c/ barra inclin.	5	8,6,4,2,1
Tirones dors. agarr. ext.	4	8,8,8,8
Remo en polea baja	4	8,8,8,8
Cruces en poleas	4	8,8,6,6
Remo con barra inclin.	4	8,8,8,8
Flyes inclinados	4	10,8,6,6
Remos en punta c/ barra	4	8,8,8,8

Día 2

Ejercicio	Sets	Repet.
Sentadillas	5	10,8,6,4,2
Leg Press	5	10,8,6,4,2
Press militar c/ barra	5	8,6,4,2,1
Remos en pie	4	8,8,6,6
Zancadas	4	10,8,8,6
Encog. hombros c/ manc.	4	10,8,8,6
Alzada de peso muerto	5	10,8,6,4,2
Elevaciones lat. inclinad.	4	10,8,6,6

Día 3

Ejercicio	Sets	Repet.
Curls de tríceps c/ manc.	5	12,10,8,6,2
Press banca c/ barra agarr. int.	5	12,10,8,6,2
Curls de martillo	4	12,10,8,6
Curls c/ mancuerna incl.	4	12,10,8,6
Fondos con banca	5	12,10,8,6,2
Curls con mancuerna	4	12,10,8,6
Rompe cráneos	5	12,10,8,6,2
Curls de concentración	4	12,10,8,6

Semanas 3 y 4

Día 1

Ejercicio	Sets	Repet.
Press de banca c/ barra	5	8,6,4,2,1
Press banca c/ barra inclin.	5	8,6,4,2,1
Tirones dors. agarr. int.	4	8,8,8,8
Remos en punta c/ barra	4	8,8,8,8
Flyes	4	8,8,6,6
Tirones tras nuca	4	8,8,8,8
Cruces en poleas	4	10,8,6,6
Remo con barra inclin.	4	8,8,8,8

Día 2

Ejercicio	Sets	Repet.
Sentadillas	5	10,8,6,4,2
Alzada de peso muerto	5	10,8,6,4,2
Press militar c/ barra	5	8,6,4,2,1
Flyes en pie	4	8,8,6,6
Zancadas	4	10,8,8,6
Encog. hombros c/ manc.	4	10,8,8,6
Press de piernas	5	10,8,6,4,2
Remos en pie	4	8,8,6,6

Día 3

Ejercicio	Sets	Repet.
Curls de tríceps c/ manc.	5	12,10,8,6,2
Empujes de tríceps	5	12,10,8,6,2
Reverse barbell curls	4	12,10,8,6
Curls con mancuerna	4	12,10,8,6
Fondos	5	12,10,8,6,2
Curls c/ mancuerna incl.	4	12,10,8,6
Rompe cráneos	5	12,10,8,6,2
Curls de concentración	4	12,10,8,6

Nivel de Programa IV
Entrenamiento Fuerza
Split de Dos Días 4 días a la semana
Entrenamiento parte superior e inferior del cuerpo en días diferentes

Semanas 1 y 2

Días 1 y 3

Ejercicio	Sets	Repet.
Press de banca c/ barra	5	8,6,4,2,1
Tirones dors. agarr. ext.	4	8,8,8,8
Press militar c/ barra	5	8,6,4,2,1
Curls de martillo	4	12,10,8,6
Press de banca c/ barra int.	4	10,10,8,8
Remo con barra inclin.	4	8,8,8,8

Días 2 y 4

Ejercicio	Sets	Repet.
Sentadillas	5	10,8,6,4,2
Press de piernas	5	10,8,6,4,2
Elevación de talón en pie	4	20,20,20,20
Zancadas	4	10,8,8,6
Extensiones de pierna	4	8,8,6,6
Curls de piernas	4	8,8,6,6

Semanas 3 y 4

Días 1 y 3

Ejercicio	Sets	Repet.
Press de banca c/ barra	5	8,6,4,2,1
Tirones dors. agarre int.	4	8,8,8,8
Press militar c/ barra	5	8,6,4,2,1
Curls invertidos	4	12,8,6,4
Press banca c/ barra inclin.	4	10,10,8,8
Remos en punta c/ barra	4	8,8,8,8

Días 2 y 4

Ejercicio	Sets	Repet.
Press de piernas	5	10,8,6,4,2
Sentadillas	5	10,8,6,4,2
Zancadas	4	10,8,6,4,2
Alzada de peso muerto	4	10,8,8,6
Curls de piernas	4	8,8,6,6
Extensiones de pierna	4	8,8,6,6

Nivel de Programa IV
Entrenamiento Fuerza
Split de Tres Días cuatro días a la semana - Entrenamiento Sinérgico

Semanas 1 y 2

Día 1

Ejercicio	Sets	Repet.
Press de banca c/ barra	5	8,6,4,2,1
Press banca c/ barra inclin.	5	8,6,4,2,1
Press de banca c/ barra inter.	5	8,6,4,2,1
Empujes de tríceps	4	12,10,8,6
Flyes	4	10,8,11,6
Rompe cráneos	5	12,10,8,6,2
Fondos	4	8,11,8,8
Curls de tríceps con barra	5	12,10,8,6,2

Día 2

Ejercicio	Sets	Repet.
Tirones dors. agarr. ext.	4	8,8,8,8
Curls de martillo	4	12,10,8,6
Curls con mancuerna	4	12,10,8,6
Remo c/ mancuerna incl.	4	8,8,8,8
Remo en polea baja	4	8,8,8,8
Curls c/ mancuerna incl.	4	12,10,8,6
Remos en punta c/ barra	4	8,8,8,8
Curls de muñeca	4	8,8,8,8

Día 3

Ejercicio	Sets	Repet.
Sentadillas	5	10,8,6,4,2
Press de piernas	5	10,8,6,4,2
Press militar c/ barra	5	8,6,4,2,1
Remos en pie	4	8,8,6,6
Zancadas	4	10,8,8,6
Flyes en pie	4	8,8,6,6
Extensiones de pierna	4	8,8,6,6
Elevaciones laterales	4	8,8,8,8

Semanas 3 y 4

Día 1

Ejercicio	Sets	Repet.
Press de banca c/ barra	5	8,6,4,2,1
Press banca c/ barra inclin.	5	8,6,4,2,1
Curls de tríceps c/ manc.	4	8,6,6,6
Tirones de tríceps	4	12,10,8,6
Flyes inclinados	4	10,8,8,6
Extensiones tríceps 1 brazo	5	12,10,8,6,2
Fondos con banca	4	8,8,8,8
Kickbacks de tríceps	4	8,8,8,8

Día 2

Ejercicio	Sets	Repet.
Tirones dors. agarre int.	4	8,8,8,8
Curls de barra invertidos	4	12,10,8,6
Curls de concentración	4	12,10,8,6
Tirones tras nuca	4	8,8,8,8
Remo en polea baja	4	8,8,8,8
Curls c/ mancuerna incl.	4	12,10,8,6
Curls con mancuerna	4	12,10,8,6
Remo c/ mancu. 1 brazo	4	8,8,8,8

Día 3

Ejercicio	Sets	Repet.
Sentadillas	5	10,8,6,4,2
Alzada de peso muerto	5	10,8,6,4,2
Press militar c/ barra	5	8,6,4,2,1
Remos en pie	4	8,8,6,6
Curls de piernas	4	10,8,8,6
Elevación de talón en pie	4	20,20,20,20
Elevaciones frontales	4	8,8,8,8

Nivel de Programa IV
Entrenamiento Fuerza

Split de Dos Días 4 días a la semana - Entrenamiento parte superior e inferior del cuerpo días diferentes
Entrenamiento Antagonista

Semanas 1 y 2

Días 1 y 3

Ejercicio	Sets	Repet.
Press de banca c/ barra	5	8,6,4,2,1
Tirones dors. agarr. int.	4	8,8,8,8
Press banca c/ barra inclin.	5	8,6,4,2,1
Press militar c/ barra	5	10,8,6,4,2,
Curls de piernas	5	8,6,4,2,1
Elevación de talón en pie	4	20,20,20,20

Días 2 y 4

Ejercicio	Sets	Repet.
Sentadillas	5	10,8,6,4,2
Press de piernas	5	10,8,6,4,2
Curls con mancuerna	4	12,10,8,6
Rompe cráneos	5	12,10,8,6,2
Curls de martillo	4	12,10,8,6
Curls de bíceps c/ barra	4	12,10,8,6

Semanas 3 y 4

Días 1 y 3

Ejercicio	Sets	Repet.
Press de banca c/ barra	5	8,6,4,2,1
Tirones dors. agarre int.	4	8,8,8,8
Press militar c/ barra	5	8,6,4,2,1
Curls de piernas	5	10,8,6,4,2
Buenos días	4	15,15,15,15
Press banca c/ barra inclin.	5	8,6,4,2,1

Días 2 y 4

Ejercicio	Sets	Repet.
Sentadillas	5	10,8,6,4,2
Alzada de peso muerto	5	10,8,6,4,2
Curls c/ mancuerna incl.	4	12,10,8,6
Empujes de tríceps	4	12,10,8,6
Curls invertidos	4	12,10,8,6
Kickbacks de tríceps	4	12,10,8,6

Nivel de Programa IV
Entrenamiento Fuerza

Split de Dos Días 4 días a la semana
Entrenamiento parte superior e inferior del cuerpo mismo día - Entrenamiento Sinérgico

Semanas 1 y 2

Días 1 y 3

Ejercicio	Sets	Repet.
Press de banca c/ barra	5	8,6,4,2,1
Press militar c/ barra	5	8,6,4,2,1
Press banca c/ barra inclin.	5	8,6,4,2,1
Curls de piernas	5	10,8,6,4,2
Press banca c/ barra int.	4	10,10,8,8
Buenos días	4	15,15,15,15

Días 2 y 4

Ejercicio	Sets	Repet.
Tirones dors. agarr. ext.	4	8,8,8,8
Curls de martillo	4	12,10,8,6
Sentadillas	5	10,8,6,4,2
Extensiones de pierna	4	8,8,6,6
Remo inclinado	4	8,8,8,8
Zancadas	4	10,8,8,6

Semanas 3 y 4

Días 1 y 3

Ejercicio	Sets	Repet.
Press de banca c/ barra	5	8,6,4,2,1
Press militar c/ barra	5	8,6,4,2,1
Press banca c/ barra inclin.	5	8,6,4,2,1
Curls de piernas	5	10,8,6,4,2
Curls de tríceps c/ manc.	4	10,10,8,8
Elevación de talón en pie	4	20,20,20,20

Días 2 y 4

Ejercicio	Sets	Repet.
Tirones dors. agarr. int.	4	8,8,8,8
Curls invertidos	4	12,10,8,6
Press de piernas	5	10,8,6,4,2
Extensiones de pierna	4	8,8,6,6
Remo con barra inclin.	4	8,8,8,8
Alzada de peso muerto	5	10,8,6,4,2

Nivel de Programa V
Entrenamiento Fuerza

Split de Dos Días 4 días a la semana
Entrenamiento parte superior e inferior del cuerpo el mismo día
Entrenamiento Antagonista

Semanas 1 y 2

Días 1 y 3

Ejercicio	Sets	Repet.
Press de banca c/ barra	5	8,6,4,2,1
Tirones dors. agarr. ext.	4	8,8,8,8
Press militar c/ mancuerna	5	8,6,4,2,1
Curls de piernas	5	10,8,6,4,2
Press banca c/ barra inclin.	5	8,6,4,2,1
Elevación de talón en pie	4	20,20,20,20
Remos en punta c/ barra	4	8,8,8,8
Flyes en pie	4	8,8,6,6

Días 2 y 4

Ejercicio	Sets	Repet.
Sentadillas	5	10,8,6,4,2
Press de piernas	5	10,8,6,4,2
Curls con mancuerna	4	12,10,8,6
Rompe cráneos	5	12,10,8,6,2
Curls de martillo	4	12,10,8,6
Curls de tríceps c/ manc.	4	12,10,8,6
Zancadas	4	10,8,8,6
Empujes de tríceps	4	12,10,8,6

Semanas 3 y 4

Días 1 y 3

Ejercicio	Sets	Repet.
Press de banca c/ barra	5	8,6,4,2,1
Tirones dors. agarre int.	4	8,8,8,8
Press militar c/ barra	5	8,6,4,2,1
Curls de piernas	5	10,8,6,4,2
Buenos días	4	15,15,15,15
Press banca c/ barra inclin.	5	8,6,4,2,1
Remo en polea baja	4	8,8,8,8
Remos en pie	4	8,8,6,6

Días 2 y 4

Ejercicio	Sets	Repet.
Sentadillas	5	10,8,6,4,2
Alzada de peso muerto	5	10,8,6,4,2
Curls c/ mancuerna incl.	4	12,10,8,6
Empujes de tríceps	4	12,10,8,6
Curls de tríceps c/ manc.	4	12,10,8,6
Elevación de talón en pie	4	20,20,20,20
Fondos con banca	3	15,15,15

Nivel de Programa V
Entrenamiento Fuerza
Split de Dos Días 4 días a la semana
Entrenamiento parte superior e inferior del cuerpo días diferentes

Semanas 1 y 2

Días 1 y 3

Ejercicio	Sets	Repet.
Press de banca c/ barra	5	8,6,4,2,1
Tirones dors. agarr. ext.	4	8,8,8,8
Press militar c/ barra	5	8,6,4,2,1
Curls de martillo	4	12,10,8,6
Press banca c/ barra agarre in.	4	10,10,8,8
Remo con barra inclin.	4	8,8,8,8
Press banca c/ barra inclin.	5	8,6,4,2,1
Rompe cráneos	5	12,10,8,6,2

Días 2 y 4

Ejercicio	Sets	Repet.
Sentadillas	5	10,8,6,4,2
Press de piernas	5	10,8,6,4,2
Elevación de talón en pie	4	20,20,20,20
Zancadas	4	10,8,8,6
Extensiones de pierna	4	8,8,6,6
Curls de piernas	4	8,8,6,6
Alzada de peso muerto	4	8,6,4,2
Buenos días	4	20,20,20,20

Semanas 3 y 4

Días 1 y 3

Ejercicio	Sets	Repet.
Press de banca c/ barra	5	8,6,4,2,1
Tirones dors. agarr. int.	4	8,8,8,8
Press militar c/ barra	5	8,6,4,2,1
Curls invertidos	4	12,8,6,4
Press banca c/ barra inclin.	4	10,10,8,8
Remos en punta c/ barra	4	8,8,8,8
Curls de tríceps c/ manc.	5	12,10,8,6,4
Curls con mancuerna	5	12,10,8,6,2

Días 2 y 4

Ejercicio	Sets	Repet.
Press de piernas	5	10,8,6,4,2
Sentadillas	5	10,8,6,4,2
Zancadas	4	10,8,6,4,2
Alzada de peso muerto	4	10,8,8,6
Curls de piernas	4	8,8,6,6
Extensiones de pierna	4	8,8,6,6
Elevación de talón en pie	4	8,6,4,2
Buenos días	4	20,20,20,20

La Colección Definitiva de Guías para Entrenamiento con Pesas para Deportes

La Colección Definitiva de Guías para Entrenamiento con Pesas para Deportes es la colección más extensa y actualizada de entrenamientos para deportes específicos que existe en el mundo. Cada libro contiene descripciones y fotografías de casi 100 de los más efectivos ejercicios de entrenamiento con pesas, flexibilidad y abdominales, utilizados por atletas de todo el mundo.

Cada libro posee programas de entrenamiento deportivo específico y únicos que garantizan mejorarán su rendimiento y conseguirá resultados.

Ningún otro libro de deportes ha sido tan bien diseñado, con tal facilidad de uso y tan comprometido con el entrenamiento con pesas. Estos libros le llevan desde la temporada baja hasta la temporada alta y están llenos de consejos e indicaciones de diferentes expertos para ayudarle a maximizar su entrenamiento y mejorar su rendimiento.

Tanto los atletas principiantes como los avanzados pueden seguir estos libros y utilizar sus programas. Miles de aficionados y profesionales de todo el mundo ya se han beneficiado de estos libros ¡y ahora usted también puede!

Cuando Compre Cualquiera de Estos Libros Con el Código

ALLBKS

¡Vaya a www.SportsWorkout.com o llame al 1-866-SWORKOUT (796-7568) para Ordenar!

Made in the USA
Columbia, SC
07 November 2020